Zauber der Liebespflanzen

W0057824

ECON Ratgeber
Gesundheit

Karl Heinz Reger

Zauber der Liebespflanzen

Rezepte für die Sinnlichkeit

ETB
ECON Taschenbuch Verlag

CIP-Titelaufnahme der Deutschen Bibliothek

Reger, Karl Heinz:
Zauber der Liebespflanzen: Rezepte für d. Sinnlichkeit / Karl Heinz Reger.
Orig.-Ausg. − Düsseldorf: ECON Taschenbuch Verlag, 1988
(ETB 20370; ECON Ratgeber: Gesundheit)
ISBN 3-612-20370-3

Originalausgabe

© ECON Taschenbuch Verlag GmbH, Düsseldorf
August 1988
Umschlagentwurf: Ludwig Kaiser
Titelfoto: studio renson
Zeichnungen: Wally Löw
Die Ratschläge in diesem Buch sind von Autor und Verlag sorgfältig erwogen
und geprüft; dennoch kann eine Garantie nicht übernommen werden. Eine
Haftung des Autors bzw. des Verlags und seiner Beauftragten für Personen-
Sach- und Vermögensschäden ist ausgeschlossen.
Satz: Computersatz Bonn GmbH, Bonn
Druck- und Bindearbeiten: Ebner Ulm
Printed in Germany
ISBN 3-612-20370-3

Inhalt

Vorwort

In einem der berühmtesten Aufklärungswerke der chinesischen Antike − vor rund 2000 Jahren entstanden − fragt der legendäre Gelbe Kaiser eine weise Frau, was zu tun sei, wenn infolge körperlicher Schwäche und Impotenz nicht mehr »Yin-Yang« ausgeübt werden könne.

In unserem Kulturkreis wird im »Katzipori« genannten Werk von Michael Lindener (1520−1562), das 1558 erschien, viel direkter mitgeteilt: »Der gute Freund hat mir seine Not angezeigt, daß sein männlich's Glied, das ist der elfte Finger, nit steh'n wölle.«

Zu allen Zeiten und in allen Kulturkreisen waren Frauen wie Männer auf der Suche nach Mitteln, die die Freuden der Liebe fördern und erhalten.

Heute diskutieren Fachleute wie Laien viel offener und direkter über Medikamente, mit denen die Libido, die sexuelle Erlebnisfähigkeit gesteigert, erotische Gefühle erzeugt, die Fruchtbarkeit wiedergebracht werden kann. Den Höhepunkt an Offenheit bot 1987 ein Wissenschaftler, der damit sicher für viele die Grenzen des guten Geschmacks verletzte und über dessen Aktion eine in der ganzen Bundesrepublik verbreitete Boulevard-Zeitung unter der Überschrift »Professor ließ die Hosen runter« wie folgt berichtete: »Um zu beweisen, daß sein Heilmittel wirklich gegen Impotenz hilft, ließ der englische Mediziner Prof. Brindley (59) bei einem Vortrag in Las Vegas die Hosen runter − vor allen versammelten US-Urologen und Urologinnen! Seine prompte, einstündige Erektion war Beweis genug . . .«

Aphrodisiaka werden die Präparate genannt, die eine Steigerung des Geschlechtstriebs hervorrufen oder hervorrufen sollen. Und *Anaphrodisiaka* jene, die ihn dämpfen sollen. Beider Namen wird von *Aphrodite* abgeleitet, der griechischen

Göttin der Liebe und der Schönheit. Sie übte ihre Macht auf Götter und Menschen aus. Zu ihrem Gefolge gehören Gestalten, die mit Aphrodites Eigenschaften als Stifterin des Liebesbundes, der Ehe – später aber auch der Prostitution – zu tun haben. Da ist ihr Sohn Eros, der Gott der mehr oder weniger sinnlichen Liebe (bei den Römern wurden Amor und Kupido daraus). Dann die als liebliche Mädchen dargestellten Horen, die Ordnungsgöttinnen. Außerdem die Chariten, die Göttinnen der Anmut – Aglaia (Glanz), Euphrosyne (Frohsinn), Thalia (Blühende) – die meist sich gegenseitig berührend oder umarmend dargestellt werden. Peitho, die griechische Göttin der Überredung gehört auch dazu. Ebenso Pothos und Himeros, die in der griechischen Mythologie die Personifikationen des Liebesverlangens und der Sehnsucht sind.

Aphrodite selbst wird gern mit Liebessymbolen dargestellt. Auf den meisten alten Bildern liegen zu ihren Füßen Muscheln. Äpfel gelten überall auch als Liebeszeichen. Myrten und Rosen trugen schon im alten Palästina Bräutigam und Braut bei der Hochzeit.

Bereits zu Zeiten, als man Aphrodite im Mittelmeerraum Tempel baute und für sie zauberhafte Mysterienspiele inszenierte, kannte man schon – wie auch im Fernen Osten – Pflanzen, die das Liebesleben zu steigern, zu fördern vermochten – und auch, wenn für angemessen erachtet – die Begierde dämpften. Und nicht nur dort: Auch unsere, zu dieser Zeit in den Wäldern Mitteleuropas lebenden Vorfahren wußten um pflanzliche Nahrungsmittel, die in der Lage waren, die Zeugungskraft zu fördern. Viele Kräuter, Gewürze und andere pflanzliche Stoffe werden auch heute noch zu diesem Zweck empfohlen und oft auch mit Erfolg genommen. Und viele überrascht, daß ganz »gewöhnliche« Pflanzen dabei sind. Andorn etwa, Basilikum, Beinwell, Birke, Bohnen, Brennesseln, Eichen, Frauenmantel, Karotten, Kletten, Knoblauch, Koriander, Lein, Linde, Melisse, Nußbäume, Petersilie, Pfeffer, Rainfarn, Rüben, Salbei, Sellerie, Spargel, Waldmeister, Weide und die bekannte Zwiebel.

In diesem Buch sind wichtige Pflanzen, denen liebesfördernde – oder in einigen Fällen auch dämpfende – Wirkungen zugeschrieben werden, aus der Sicht der modernsten medizinischen Forschungen beschrieben. Manches früher und auch heute noch gebräuchliche Mittel fällt unter den Bereich »Magie«. Nicht nur durch Schönheit, Geist und Anmut sollte Zuneigung und Liebe oder sinnliche Begierde erweckt werden, sondern auch durch das Hinzuziehen günstiger astraler Schwingungen. Auch Wirkstoffe von in diesem Buch besprochenen Nachtschattengewächsen waren zum Beispiel in Liebespillen, die Priester für Kleopatra herstellten. Und pflanzliche Bestandteile waren auch in dem Talisman, den Bilkis, die Königin von Saba, immer zwischen ihren Brüsten trug – weshalb sich der Sage nach Scharen ihrer Anbeter aus hoffnungsloser Liebe zu ihr freiwillig den Tod gaben.

Bei einer großen Gruppe von Nahrungs- und Genußmitteln, aber auch bewährten Heilpräparaten der Volksmedizin, hat die moderne Labormedizin keinen Nachweis der ihnen zugeschriebenen liebesfördernden – oder liebesdämpfenden – Wirkung gefunden, obwohl sie in unzähligen Erfahrungsberichten angegeben wird.

Pflanzen aus beiden Gruppen werden hier erwähnt. Die ersteren sind historisch interessant, die letzteren – sofern nicht giftig – vor allem auch deshalb, weil die durch die Erfahrungsmedizin zugeschriebene Wirkung von den Forschern lediglich *noch* nicht nachgewiesen werden konnte. Und wenn keine schädlichen Nebenwirkungen zu befürchten sind, wird kaum ein Arzt etwas dagegen haben, wenn jemand solche »Potenzmittel« nimmt.

Mindestens die Hälfte aller Impotenzen sind seelisch bedingt. Durch solche Mittel kann Aphrodite deshalb durchaus auf sanfte Weise helfen.

Es gibt aber auch eine Gruppe von Pflanzen, bei denen sich die potenzsteigernde Wirkung eindeutig nachweisen, erklären und im »Laborversuch« auch wiederholen läßt – bei Weizenkeimen zum Beispiel, die einen hohen Vitamin-E-Anteil haben. Das gleiche gilt für *Yohimbin*, ein pflanzliches

Indolalkaloid, das aus der Rinde des Yohimbebaumes (*Corynanthe* und *Pausinystalia johimbe*), aus Quebracho und Rauwolfia serpentina-Wurzeln gewonnen wird.

Vor hundert Jahren wurde in unserem Kulturkreis dieser Pflanzenextrakt bekannt, der von westafrikanischen Völkern seit Jahrtausenden als Aphrodisiakum benutzt wurde.

Doch gerade auch in diesem Bereich gilt: Wo eine starke Wirkung zu erwarten ist, gibt es manchmal auch starke unerwünschte Nebenwirkungen. Im Fall von Yohimbin stellte sich dieses heraus. Menschen, die unter anderem völlig falsche Vorstellungen von sexuellen Leistungsanforderungen hatten, nahmen Überdosen der einst überall frei verkäuflichen »Liebesdragees«. Es kam zu Yohimbinvergiftungen, die nicht nur mit Priapismus (schmerzhafte Dauererektionen) einhergingen. Extremer Blutdruckabfall und Herzschädigungen gefährdeten die Betroffenen.

Yohimbin ist, wenn es vom Arzt verschrieben wird, auch heute noch ein wertvolles Medikament.

In diesem Buch werden einige liebesfördernde pflanzliche Stoffe nicht näher beschrieben – etwa Haschisch, Opium oder Kokain – deren Empfehlung – oder auch nur Beschreibung in diesem Zusammenhang – verantwortungslos wäre, da es illegale Drogen sind. Außerdem führen Opiate, wie z. B. Heroin, nur zu einer kurzzeitigen Euphorie. Bei häufigerem Gebrauch sinkt das Interesse an sexuellen Aktivitäten, ganz zu schweigen von den physischen und psychischen Schäden.

Aus einem Nebenalkaloid des Opiums wird ein Stoff hergestellt, der eine Erektion sozusagen auf pharmakologischem Weg provozieren kann, das Papavarin. Diese – auch pflanzliche – »Potenz aus der Spritze« begeistert scheinbar viele. Im Mai-Heft 1987 der Fachzeitschrift »Sexualmedizin« beklagte sich zum Beispiel ein Arzt für Psychotherapie, daß einer seiner Patienten – wegen Potenzschwäche in psychotherapeutischer Behandlung – nach dem Lesen der eingangs erwähnten Zeitungsnotiz keine Motivation für eine Behandlung in seiner Praxis mehr hatte und sofort wegen der »Potenzspritze« nach London fliegen wollte. Und der Mediziner meinte zu seinen Kollegen sicher nicht unbegründet: »Sie werden sicherlich den Bericht in ›Medical Tribune‹ über diesen absonderlichen Vorfall gelesen haben (gemeint ist der Umstand, daß ein Professor die ›Hosen herunter ließ‹). Sie werden sich auch Gedanken über die möglichen Konsequenzen einer Thrombose oder einer Gewebsreaktion gemacht haben, die dieser Londoner Professor mit seiner Injektion doch bewirken kann . . .«

Papavarin hat eine entkrampfende Wirkung auf die glatte Muskulatur. Es gehört zu den wertvollen Diagnose-Hilfsmitteln, mit denen der Facharzt zum Beispiel unterscheiden kann, ob bei Männern eine Impotenz seelische oder organische Ursachen hat.

Da das Alkaloid Papaverin in einer oft in der orientalischen Literatur genannten »liebesfördernden Pflanze« vorkommt − nämlich im seit über 2000 Jahren als Arznei- und Suchtmittel genutzten Schlafmohn (*Papaver somniferum*) − und Ärzte damit rechnen, daß möglicherweise schon in ein oder zwei Jahren für geeignete Patienten eine darauf aufbauende »Potenz-Spritze« im Handel ist, noch einige Worte dazu.

Ein französischer Forscher hatte 1982 erstmals beobachtet, daß Papaverin Erektionen auslösen konnte. G. S. Brindley (der Professor, der im eingangs zitierten Zeitungsbericht während eines Vortrags die Hosen herunterließ) publizierte schon 1983 das Phänomen und eine Behandlungstechnik mit dem komplizierten Namen »Schwell-Körper-Autoinjektions-Therapie« (abgekürzt SKAT).

Kliniken in Europa und Amerika übernahmen die Methode, um Männern, die impotent sind, weil mit der Blutversorgung oder dem Nervensystem zusammenhängende Probleme eine ausreichende Erektion unmöglich machen oder weil sie eine »frustrane Psychotherapie« hinter sich haben, mit der »Potenz aus der Spritze« zu helfen. Die Mediziner haben bisher etwas mehr als 1000 Männer entsprechend behandelt.

In einer Übersichtsarbeit beschreibt der Arzt Dr. med. Wolf-Hartmut Weiske aus Stuttgart in der Zeitschrift Sexualmedizin (7/86) die Technik. Vor dem Geschlechtsverkehr desinfiziert der Patient, der unterschreiben mußte, daß er ein vom Bundesgesundheitsamt noch nicht zugelassenes Medikament anwendet, mit dem noch keine Langzeit-Erfahrungen vorliegen und bei dem außerdem das Risiko einer sogenannten prolongierten (verlängerten) Erektion besteht (»High-Flow Priapismus«), die Peniswurzel.

Dann injiziert er die SKAT-Mixtur (z. B. 15 Milligramm Papaverin und 0,5 Milligramm Phentolamin pro Milliliter) »basisnah«, also in der Nähe der Wurzel des Geschlechtsorgans, in einen der Schwellkörper auf der Oberseite des Penis, der »Corpus cavernosum« genannt wird. Dr. Weiske schreibt in der erwähnten Ausgabe von »Sexualmedizin«: »Nach 10−15 Minuten ist mit einer Erektion zu rechnen, die durchschnittlich etwa eine Stunde anhält. Hat der Patient die Technik erlernt, wird ihm das ampullierte Medikamentengemisch für 10 Anwendungen mit nach Hause gegeben.«

Die bei der SKAT-Technik erforderliche, und individuell unterschiedliche, Medikamentenmenge wird in der Klinik ermittelt, in der dem Patienten die Anwendung auch beigebracht wird. Nach Dr. Weiske gelte es dabei zu bedenken, daß »unter Praxis- oder Klinikbedingungen jeder erotische Reiz wegfällt, um eine Erektion zu erreichen, und diese rein pharmakologisch verursacht ist. Daraus folgt, daß in häuslicher Umgebung mit normaler erotischer Intimsphäre eine um etwa 20−30 % geringere Konzentration an Papaverin-Phentolamin-Gemisch benötigt wird.«

»Vor allzu großer Euphorie muß bei der Behandlung der erektilen Dysfunktion mit der Auto-Injektionstherapie gewarnt werden«, meint Dr. Weiske dann zusammenfassend. Es lägen zuwenig Erfahrungen vor und trotz sorgfältiger Testung käme es gelegentlich zur erwähnten »prolongierten Erektion«, die u. U. durch die Injektion eines »Antidot«, eines Gegenmittels wieder beseitigt werden müsse. Außerdem sei es notwendig, daß der Patient rund um die Uhr einen mit »Therapie und Komplikationen vertrauten Arzt« erreichen kann, falls die Erektion nicht wieder zurückgeht.

Papaverin – obwohl auch pflanzlichen Ursprungs – sprengt die Absicht dieses Buches, in dem vorwiegend Mittel beschrieben werden sollen, mit denen Aphrodite auf sanfte Weise nachhilft. Viele der vorgestellten pflanzlichen Stoffe eignen sich durchaus für die »Selbstmedikamentation«, sofern nicht anders angegeben.

Doch sollten Sie bei ernsthaften Sexualstörungen keinesfalls Selbstbehandlungsversuche unternehmen! Bei Frauen und Männern ist der Ablauf der sexuellen Reaktion ein außerordentlich komplizierter Vorgang, bei dem Nerven, Blutgefäße und Hormone zusammenspielen und der noch nicht endgültig erforscht ist. Die verschiedensten Faktoren können für unbefriedigende Abläufe verantwortlich sein. Nicht in jedem Fall hilft ein »Potenzmittel«, sei es ein pflanzliches oder ein synthetisches. Fachärzte können die Probleme – manchmal auch erst nach aufwendigen Untersuchungen – erkennen und oft heilen.

Über sexuelle Störungen klagt jede 5. Frau und, je nach Statistik, jeder 4.–8. Mann. Bei Frauen sagte man – falls ein Orgasmus nicht erlebt werden konnte – sie seien frigide. Ärzte sprechen bei der Erkrankung, die rund 60 % aller Patientinnen mit Sexualstörungen betrifft, inzwischen lieber von »weiblicher Anorgasmie«. Ein nicht unerheblicher Teil der Patienten mit Sexualstörungen leidet an der sogenannten »Dyspareunie«, womit Störungen des Geschlechtsverkehrs umschrieben werden, die nicht nur auf körperliche, sondern auch auf seelische Ursachen zurückgeführt werden.

Auch in der Männerheilkunde wurde der brutale Begriff »Impotenz«, der für Betroffene als belastend gilt, durch einen anderen ersetzt: Man spricht heute von »erektiler Dysfunktion«.

Als besonders positiven Effekt der sexuellen Liberalisierung sehen Sexualmediziner den Umstand, daß immer mehr Männer und Frauen den Mut haben, bei Sexualstörungen, Fachmediziner verwenden auch den Begriff »Kohabitationsstörungen«, sich den Ärzten anzuvertrauen. Sie können vergleichsweise geringe Ursachen haben, die bereits in einem

Gespräch aufgezeigt werden, bei denen aber auch die besten liebesfördernden Kräuter nicht helfen würden:

- immer noch gibt es Unwissen über die sexuellen Abläufe;
- ungünstige Umweltbedingungen wie hellhörige Wohnungen, Zusammenleben mit Eltern, Schwiegereltern usw. können ein unbefangenes Intimleben beeinträchtigen;
- ungeschicktes Sexualverhalten der Lebensgefährtin oder des Lebensgefährten können die erotische Stimmung stören;
- Probleme gibt es auch, wenn zwei Partner aufeinander treffen, die ungleiche sexuelle Bedürfnisse haben. Bis zum Alter von 35 Jahren − wurde zum Beispiel beim 9. Winterthurer Fortbildungskurs von Frau Dr. V. Middendorp referiert − hätte meist der Mann die häufigeren Sex-Bedürfnisse. Später beklagen sich meist die Frauen. Dr. Middendorp: »Fatalerweise spitzt sich das Ungleichgewicht der sexuellen Bedürfnisse ständig zu, denn je mehr der eine Partner drängt und bittet, um so weniger nimmt der andere seine eigenen sexuellen Wünsche überhaupt noch wahr. Ein Gespräch mit dem Hausarzt kann die gespannte Situation entkrampfen« (zitiert nach Medical Tribune, 10. Juli 1987);
- mangelnde Rücksichtnahme des Partners spielt auch oft eine Rolle;
- zu große Überforderung im Beruf oder im Haushalt, so daß kein Raum mehr für sexuelle Interessen bleibt. »Eine Sexualtherapie wird kaum Erfolg haben« − schreibt Dr. Middendorp zum Beispiel im erwähnten ›Medical Tribune‹−Artikel, »bei einem Mann, der klagt, daß er seiner attraktiven jungen Freundin gegenüber zu selten Verlangen spüre − und im weiteren Gespräch stellt sich heraus, daß er nicht nur in eine erbitterte Kampfscheidung verwickelt ist, sondern auch noch geschäftlich am Rand des Ruins steht.«

Andere Gründe, die eventuell nur ein Psychiater herausfindet, können auch eine Rolle spielen:

- negative Schlüsselerlebnisse wie eine Vergewaltigung, sexueller Mißbrauch in der Kindheit — was für Mädchen wie Jungen gilt;
- unerfüllter Kindeswunsch kann ebenso ein Grund für eine derartige Störung sein, besonders, wenn die Frau oder der Mann viele Jahre hinweg den Geschlechtsverkehr erfolglos immer wieder zum günstigsten Zeitpunkt »terminiert« hatten.

Auch ein körperliches Leiden kann an sexuellen Störungen schuld sein. Bei Frauen:
- Verletzungen an der Scheide;
- Druck auf die empfindliche Harnröhre, verursacht durch eine ungünstige Einführung des männlichen Glieds;
- Abszesse und Entzündungen an den Bartholinischen Drüsen oder den Schweißdrüsen der Schamlippen;
- mangelhafte Befeuchtung der Scheide durch zu kurzes oder unterlassenes Vorspiel oder durch Hormonmangel bedingte Scheidentrockenheit.

Und bei Männern:
- verfrühte, verspätete oder schmerzhafte Ejakulation (Samenerguß);
- schmerzhafte Erektion infolge krankhafter Prozesse, eventuell durch Beschwerden wie »Induratio penis plastica«, womit eine Verhärtung zwischen den Schwellkörpern und der Haut des Penis beschrieben wird. Im fortgeschrittenen Stadium kann sich der Penis während der Versteifung biegen und einen Geschlechtsverkehr unmöglich machen — oft verbunden mit der »Dupuytren Kontraktur«, einer fortschreitenden Zwangsverkrümmung der Finger;
- Störungen im Bereich der Blutgefäße des Penis. Während der Erektion erhöht sich beim Gesunden der Bluteinstrom in dieses Organ um das 60fache. Ein komplizierter Regelmechanismus sorgt dafür, daß bis zum Orgasmus der Blutein- und -ausstrom gleichbleibt und der Druck, der für die Versteifung sorgt, erst danach abfällt;

- Störungen im Bereich der Nerven;
- hormonelle Ursachen.

Dann können Krankheiten oder andere Faktoren eine Rolle spielen, bei denen auch die besten pflanzlichen Mittel die Liebesfähigkeit nicht verbessern können. Verschiedene Krankheiten gehören dazu, etwa Zuckerkrankheit, Bluthochdruck, Schilddrüsen-, Leber- und Nierenerkrankungen, unter Umständen Bandscheibenvorfälle, Multiple Sklerose.

Medikamente können die Liebesfähigkeit ebenfalls beeinträchtigen. Z. B.: einige blutdrucksenkende Mittel, dämpfende Medikamente, die bei bestimmten seelischen Störungen verordnet werden (ebenso auch alle pflanzlichen Heilstoffe, die unter »liebesdämpfende Mittel« geführt werden), bestimmte blutfettsenkende Präparate, einige harntreibende Arzneien sowie manche Medikamente, die die Freisetzung von Magensäure hemmen.

Genußgifte wie Nikotin und Alkohol haben ebenfalls eine direkte Wirkung auf die Genitalorgane. Sie ist ziemlich genau untersucht. Ganz geringe Mengen Alkohol können zum Beispiel bei seelisch bedingten Erektionsstörungen hilfreich sein, weil, wie Professor Dr. med. Walter Krause von der Universitäts-Hautklinik in Gießen in der Zeitschrift »Sexualmedizin« (11/82) schreibt, die Versagensangst nicht mehr so groß und die Erwartungshaltung verändert ist. Über einem Blutalkoholspiegel von nur 0,4–0,5 Promille ist beim Mann die Erektionsfähigkeit jedoch bereits beeinträchtigt, bei über 1 Promille oft schon »aufgehoben«.

Wo pflanzliche Liebesmittel nicht wirken, wird der Arzt in vielen Fällen in einem offenen Gespräch helfen – oder an Fachkollegen weiterverweisen können. Man kann eine Störung oft operativ beseitigen, psychotherapeutische Behandlungen vorschlagen oder einfach aufklären. Manchmal kann es auch zweckmäßig sein, Hilfsmittel anzubieten.

Wenn schon von Sexualstörungen gesprochen wird, dann muß auch erwähnt werden, daß die Beachtung der klassischen Regeln der Liebeskunst eine Rolle spielt.

Die Natur hat es so eingerichtet, daß Frauen und Männer

lustvoll und ohne Schmerzen sexuell verkehren können. Dem sexuellen »Vorspiel«, das die normalen Abläufe der sexuellen Reaktionen auslöst, wird in vielen Ehe- und Sex-Büchern außerordentliche Bedeutung beigemessen. Zu Recht. Ausgelöst werden sexuelle Reaktionen jedoch keineswegs nur durch die Stimulation von Brust, Vagina, Penis oder Hoden.

Bei beiden Geschlechtern – bei Frauen mehr als bei Männern – spielen Phantasien, die durch die Anwesenheit des Partners geweckt werden, Erinnerungen an vergleichbare Situationen, Gespräche, zärtliches Massieren und anderes eine wichtige Rolle. Es gibt keine Regel und deshalb sicher auch keine »Rezepte«. Alles hängt von der jeweiligen Situation und den Partnern und deren persönlicher Erfahrung ab. Viele Praktiken können auch für sich allein zu einem durchaus befriedigenden Liebeserlebnis führen, etwa »Petting« oder »Necking«, Massagen u. ä.

Ebenso vielfältig sind die Möglichkeiten und Bedürfnisse, aus dem zärtlichen Vorspiel einen vollendeten Geschlechtsverkehr werden zu lassen. Die Bücher, die zum Thema »Koituspositionen« geschrieben wurden, sind Legion. Und beim Liebesspiel setzen zwei Menschen lediglich durch die Anatomie und die eigene Phantasie Grenzen.

Viele der »Liebespflanzen«, die in diesem Buch beschrieben wurden, können dazu beitragen, daß Frauen und Männer ein herrliches – körperlich, seelisch und geistig erfülltes – Liebesleben erreichen (ebenso, wie es Pflanzen gibt, etwa Mohnarten, mit deren Substanzen die unglücklichsten Zustände herbeigeführt werden können).

Nicht in jedem Fall gilt das Wort des legendären Kardinals Armand Jean du Plessis, Herzog von Richelieu (1585–1642), der meinte, daß es überhaupt keine impotenten Männer gäbe – nur »ungeschickte Frauenhände«. Zum ständig unter Kopfschmerzen leidenden Kirchenmann, der seine Karriere unter Maria von Medici begann, muß man allerdings sagen, daß er an Sex nur theoretisch interessiert war.

Übrigens: Nicht immer wurden Pflanzen als liebesfördernde Mittel eingesetzt, weil man sich eine direkte Wirkung etwa auf den Bereich der menschlichen Sexualorgane erwartete.

Von König Salomon, dem Sohn Davids und König von Israel, der 970−933 v. Chr. gelebt haben soll und der angeblich 400 Königinnen und 600 Nebenfrauen hatte, ist eine Geschichte überliefert, die erzählt, wie er die Königin von Saba − das ist die schon eingangs erwähnte Monarchin mit dem Liebes-Amulett − verführt haben soll.

Der Frau, deren »schöne Gestalt ihn erregte«, servierte er der Sage nach zum großen Abschiedsfest dursterregende Speisen wie saure Getränke, Fische und Pfeffer als Beilagen. Als alle Diener weg waren, wollte der Monarch zur Sache kommen: »Kose hier in Liebe bis zum Morgen«. Das wollte die Königin wiederum nicht, sie blieb zwar bei ihm aber verlangte: »Schwöre mir bei deinem Gott, dem Gotte Israels, daß du mir keine Gewalt antust. Wenn es sein sollte, daß ich mich nach menschenart verleiten lasse, so werde ich als junges Mädchen auf der Reise in Not und Leid und Elend umkommen.«

Der listige Salomon schwor zwar, verlangte aber seinerseits, daß die Königin schwöre, keinem Gegenstand in seinem Haus Gewalt anzutun. Das tat sie auch. Beide legten sich schlafen.

Im Laufe der Nacht regte sich bei der Königin furchtbarer Durst. Sie wollte aufstehen und vom Wasser trinken, Salomon hatte nur darauf gewartet. Er erinnerte den Gast an den Eid, nachdem nichts aus seinem Besitz genommen werden durfte. Die Königin von Saba war zwar völlig verblüfft über die Kleinlichkeit des Königs, der auch einen Schluck Wasser als Eigentum ansah, das unter den Eid fiel. Andererseits war sie jedoch so durstig, daß sie zu ihm sagte: »Dein Eid ist aufgehoben und meiner auch«, und beide verbrachten eine Liebesnacht zusammen.

Akelei

Aquilegia vulgaris
Hahnenfußgewächse (*Ranunculuaceae*)

magisches Liebesmittel

Verbreitungsgebiet:
Europa, Nordasien und Nordamerika. Sie wächst in Wäldern, auf Wiesen und in Hecken, besonders auf Kalkboden.

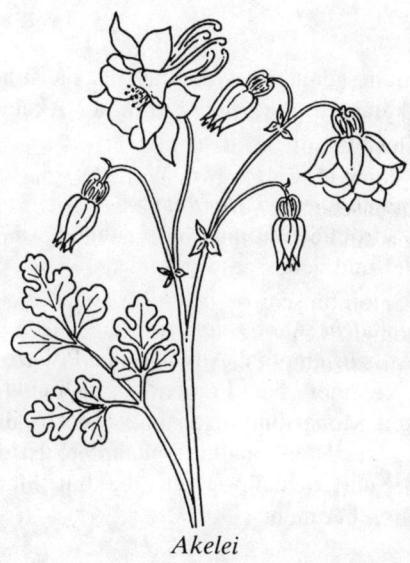

Akelei

Medizinisch genutzt:
Wurzel, Kraut und Samen.

Einsatz als Liebesmittel:
Die Akelei war giftverdächtig, ihre eigenartige Blüte reizte aber trotzdem Dürer und Goethe. Der Aberglauben sagte:

»So einem Mann seine Kraft genommen/und durch Zaube-
rey oder andere Hexenkunst zu den ehelichen Wercken un-
vermöglich worden were/der trinck stätig von dieser Wurzel
und dem Samen/er genieset/un kompt wieder zurecht.«

Wirkstoffe des Aphrodisiakums:
noch nicht genau untersucht.

So kann es die Liebeskraft fördern:
Aus heutiger Sicht ist die Akelei mehr unter die »magischen
Liebesmittel« einzureihen.

Risiken:
Bei bestimmungsgemäßem Gebrauch der meist homöopathi-
schen Medikamente, die Inhaltsstoffe der Akelei enthalten,
sind keine bekannt.

Weitere Eigenschaften der Heilpflanze:
Die jungen Sprößlinge können im Frühjahr wie Spargelkei-
me zubereitet und genossen werden.

Kulturgeschichtliche Anmerkungen:
Die Volksmedizin empfahl Auszüge der Pflanze gegen An-
fälle von Atemnot bei Frauen im Klimakterium, bei
schmerzhaften Monatsblutungen und Menstrualkolik (Dys-
menorrhoe). Die Homöopathie behauptete Erfolge mit ihr
bei Hysterie und Schlaflosigkeit, die auf Menstruations-
schwierigkeiten beruhen.

Rezepte:
Medikamente, die Akelei-Inhaltsstoffe enthalten, entsprechend ihren Bestimmungen einnehmen.

Aloe

Aloe (viele Gattungen)
Liliengewächse (*Liliaceae*)

magisches Liebesmittel

Verbreitungsgebiet:
Von den 200 Arten in wärmeren Klimaten der östlichen Erd-
hälfte finden sich 170 am Kap der Guten Hoffnung. Man
kultiviert viele Arten als Zierpflanzen. *Aloe vulgaris* mit
meist nur 60 cm hohem Stamm, blaßgrünen, weißlich bereif-
ten Blättern mit weißen, braunspitzigen Randstacheln, bis
1 m hohem Schaft mit reichblütiger Traube und gelben,
grünlichgelb gestreiften Blüten, ist in Nordostafrika heimisch, war von hier nach Ost- und Westindien, Südamerika
und Südeuropa verpflanzt worden und ist vielfach kultiviert
und verwildert zu finden.

Medizinisch genutzt:
Der eingetrocknete, bittere Saft, welcher sich in besonderen
Gefäßen der fleischigen Blätter der Aloearten findet.

Einsatz als Liebesmittel:
Das Kraut der Art *Aloe prolifera* wird in Indien als potenz-
förderndes Mittel eingenommen.

Wirkstoffe des Aphrodisiakums:
Die Aloe enthält 5–6 % glykosidische Bitterstoffe (die Aloi-
ne), Harze und Spuren eines ätherischen Öls.

So kann es die Liebeskraft fördern:
Die liebesfördernde Wirkung ist lediglich eine Behauptung
der Erfahrungsmedizin. Eine wissenschaftliche Begründung
wurde dafür noch nicht gefunden.

Risiken:
Nicht während der Schwangerschaft nehmen. Bei Kindern
soll Aloe überhaupt nicht angewandt werden.

Weitere Eigenschaften der Heilpflanze:
Die stark abführende Wirkung der Aloe ist auf den Gehalt an Bitterstoffen und Harzen zurückzuführen. Die Anwendung darf in nur sehr geringen Mengen erfolgen (Dosis: 0,2–0,5 g). Auszüge der Aloe werden auch für Bitterschnäpse verwandt (»Alter Schwede«).

Kulturgeschichtliche Anmerkungen:
Die Aloe war schon den Alten bekannt, Alexander der Große soll sich um die Hebung der Aloeproduktion bemüht haben. Als uralte Produktionsstätte gilt die Insel Sokrota. Schon Dioskurides (griech. Arzt des 1. Jh. n. Chr.) kannte bereits mehrere Sorten und Verfälschungen. Auch im Mittelalter war Aloe geschätzt. Sie bildet einen wesentlichen Bestandteil alter Präparate, wie des Elixir ad longam vitam und Elixir proprietatis Paracelsi. Schon im 10. Jh. wird sie in angelsächsischen Schriften erwähnt und im 12. Jh. in deutschen Arzneibüchern. Spätestens im 16. Jh. gelangte die Art *Aloe vulgaris* nach Westindien und 1693 war Barbados-Aloe auf dem Londoner Markt. In der Technik spielt Aloetinktur eine Rolle bei der Herstellung von Holzbeizen.

Rezepte:
Medikamente, die Aloe enthalten, entsprechend den Einnahmevorschriften anwenden.

Alraun
Mandragora officinarum
Nachtschattengewächse (*Solanaceae*)

magisches Liebesmittel

Verbreitungsgebiet:
Mittelmeergebiet (Arabien).

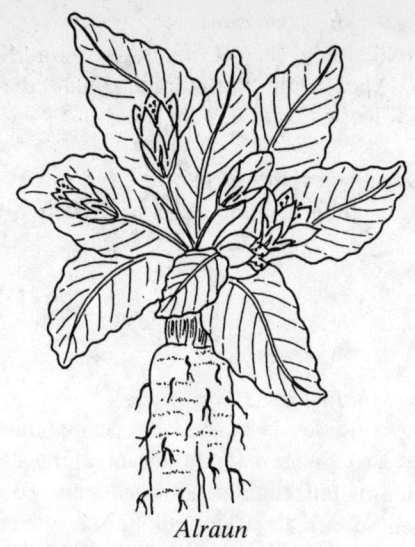

Alraun

Medizinisch genutzt:
die Wurzel.

Einsatz als Liebesmittel:
Die sagenumwobene Alraune gehört zu den berühmtesten
Zauberpflanzen des Altertums und Mittelalters. Hildegard
von Bingen beschreibt z. B. ausführlich die magischen, angeblich die Erotik stimulierenden Kräfte, die sie mit dem
Einfluß des Teufels in Zusammenhang bringt. Andere meinen, daß die Alraune die Pflanze »Dudaim« der Bibel war,
mit der Rahel nach 1 Mos. 30, 14 ff. die Liebe Jakobs zu
erwecken versuchte.
Die Pflanze, die im hebräischen »Liebeskraut« heißt, scheint
gewirkt zu haben. Rahel bekam einen Knaben. Sie soll dann,
wie es bei Oefele heißt: »mit seltener Unterbrechung Nacht
für Nacht die Liebe Jakobs genossen haben.« Im Hohen
Lied 1, 13 wird die Dudaim als eine stark duftende Pflanze
erwähnt. Alraunwurzel ist noch heute ein angesehenes Liebesmittel der Araber.

Wirkstoffe des Aphrodisiakums:
0,3–0,4 % Alkaloide (Hyoscyamin, Atropin. Scopolamin, Cuskhygrin, Apoatropin, Belladonnin) und die Cumarine Scopolin und Scopoletin.

So kann es die Liebeskraft fördern:
Die Alraune ist heute unter die »magischen Liebesmittel« einzureihen.

Risiken:
giftig!

Weitere Eigenschaften der Heilpflanze:
Solanazeen-Alkaloide insbesondere Scopolamin, können verschiedene Erregungszustände hervorrufen, also: Schwindel, Unruhe, veitstanzähnliche Bewegungen, Tobsucht usw. Scopolamin besitzt parasympatholytische Eigenschaften (Einschränkung der Tätigkeit von Speichel-, Schweiß- und Bronchialdrüsen; Hemmung der unwillkürlich gesteuerten Muskelbewegungen des Magen-Darm-Kanals; Erschlaffung glattmuskeliger Hohlorgane wie Gallen- und Harnblase, Uterus). Scopolamin übt bereits in niedriger Dosierung einen motorisch dämpfenden Einfluß aus und führt in größeren Dosen zu einem Dämmerschlaf.

Kulturgeschichtliche Anmerkungen:
Die Alraune war früher für alles gut. In Joh. RHODE »tugendsamer weiberspiegel« Erfurt 1590 heißt es: »Tretet in euren garten, sprecht laut: Alrun, ich rufe dich an/das du meinen harten Mann dringest darzu/das er mir kein leid nicht tu!«
Ebenda wird gesagt:»Freitag, da ist eine heilige Zeit und der Frauen Venus im Höselberge eigener Tag, da die Alrunen wonen.« Der römische Schriftsteller Aulus Cornelius Celsus, der in der ersten Hälfte des 1. Jh. n. Chr. unter Tiberius bis Nero lebte und eine Enzyklopädie verfaßte, von der die acht Bücher »De medicina« erhalten sind, erwähnt die Alraune

als Schlafmittel, verwendet die Wurzel bei Schleimfluß der Augen und die Abkochung zur Linderung von Zahnschmerzen.

Plinius Secundus Gaius (der Ältere), der von 24−79 n. Chr. lebte, schreibt über das Ernten der Pflanze: »Das Ausgraben geschieht, nachdem man sich überzeugt hat, daß kein entgegengehender Wind herrscht, und nachdem man, daß Gesicht gegen Westen gerichtet, mit einem Schwerte 3 Kreise gezogen.«

Josephus Flavius sagt, man dürfe die Mandragora nicht selbst aus dem Boden ziehen, sondern müsse einen schwarzen Hund dazu einsetzen.

Der »Alraungräber« müsse sich die Ohren mit Wachs verstopfen, um das Geheul der Wurzel zu überleben.

Von diesem dem Menschen unerträglichen Alraunenschrei spricht auch Shakespeare:

>»Weh, wenn ich dazu früh erwachen sollte,
> Wenn mich ein ekelhafter Dunst umqualmt,
> Wenn's kreischt, als grübe man Alräunchen aus,
> Bei deren Ton der Mensch von Sinnen kommt.«

Suffolk (Heinrich VI. zweiter Teil Akt 3 Szene 2), meint von seinen Hassern:

>»Was soll ich sie verfluchen? Wenn ein Fluch
> todbringend wäre, wie Alraunenstöhnen, ich
> fände Worte so durchbohrend scharf, so herb,
> verrucht und greulich anzuhören . . .«

Berühmt ist auch die Sage, nach der »echte Alraunen« nur unter dem Hochgericht und gerade an der Stelle, wo ein Junggeselle den Schreckenstod durch den Strang gefunden und sein Samen in die Erde getropft sei, wachsen würden. Wer nun eine Alraunwurzel beim »Theriakkrämer« gekauft hatte, wusch sie mit rotem Wein und gab ihr ein Kleid von weißer und roter Seide, dazu wohl auch ein Mäntelchen (Theriak = Allheilmittel).

Alraunen sollen darüber hinaus alle Fragen der Zukunft beantworten. »Er verdoppelte in stiller Nacht neben ihn gelegtes Geld, brachte Glück in allem, heilte Krankheiten, half

den Frauen in der schwersten Stunde, schützte den Wein vor dem Sauerwerden, das Vieh vor dem Verhexen usw.«
In Wien sagt man, wenn einer besonderes Glück im Spiel hat: »Der muß a Oraunl (Alräunchen) im Sack haben!«

Rezepte:
Wegen der giftigen Inhaltsstoffe muß vor dem Genuß der einstigen Zauberwurzel gewarnt werden.

Andorn
Marrubium vulgare
Lippenblütergewächs (*Labiatae*)

liebesfördernd

Verbreitungsgebiet:
Andorn war ursprünglich im südlichen Europa beheimatet und wurde im Mittelalter auch in unserem Kulturkreis einge-bürgert.

Medizinisch genutzt:
das Kraut.

Einsatz als Liebesmittel:
Andorn wurde früher jungen Mädchen empfohlen, die »sich nach der Lieben sehnen«, deren Erwartungen sich aber we-gen Bleichsucht und mangelnder Menstruation sowie chroni-scher Hautausschläge nicht erfüllen.

Wirkstoffe des Aphrodisiakums:
Andorn enthält Bitterstoffe, vor allem das Marrubiin sowie Harze, ätherische Öle und Gerbstoffe.

So kann es die Liebeskraft fördern:
Die angesprochene aphrodisierende Wirkung ist nur eine Annahme der volksheilkundlichen Erfahrungsmedizin. Die

moderne Labormedizin hat dafür noch keine Erklärung gefunden. Leicht stimulierend könnten jedoch die frischen Blätter wirken, die nach Moschus duften.

Risiken:
keine bekannt.

Weitere Eigenschaften der Heilpflanze:
Die in den Pflanzen enthaltenen Gerbstoffe können durch ihre zusammenziehende Wirkung auf die Schleimhäute bei Infektionen helfen.

Kulturgeschichtliche Anmerkungen:
Andorn gehört mit zu den ältesten Heilpflanzen. Erwähnt ist er schon bei Dioskurides und auch bei Plinius und Celsus. In Deutschland stand Andorn in hohem Ruf. Jakob Theodor Tabernaemontanus (1520−1590) schreibt in seinem im Jahr 1588 erschienenen Kräuterbuch: »Das Wasser darin Andorn gesotten, heilt alle bösen Grind, Flechten und Zittermäler, darum die jungen Kinder welche den Andorn und die Megerei haben, sollen darin gebadet werden.« Die Volksmedizin nutzte Andornsaft außerdem bei Katharrhen, bei Schwindsucht, Leberleiden, Gelbsucht, Bleichsucht und Menstruationsstörungen.

Rezepte:
Bei Erkältungs- oder Magenbeschwerden kann ein kalter Andornauszug helfen. 1 Teelöffel getrocknetes Kraut wird in eine Tasse mit kaltem Wasser gegeben. Dies bleibt über Nacht stehen, wird am nächsten Tag abgeseiht und getrunken.

Anis
Pimpinella anisum
Doldengewächse (*Umbelliferae*)

liebesfördernd

Verbreitungsgebiet:
Stammt ursprünglich aus dem östlichen Mittelmeer. Heute wird sie in der Bundesrepublik, der DDR, in Spanien, Italien, in der Sowjetunion und in Nordafrika kultiviert.

Medizinisch genutzt:
Die Samen der Anispflanze, die etwa 2 mm lang sind.

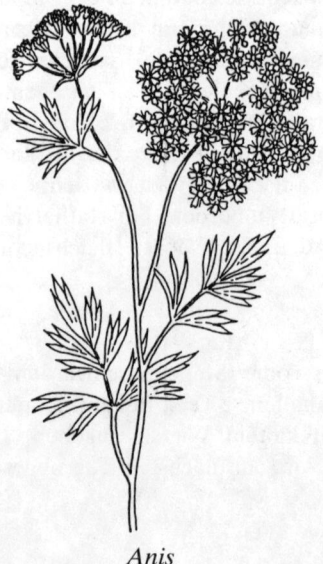

Anis

Einsatz als Liebesmittel:
Bei Dioskurides, einem der großen Ärzte des Altertums, werden die Samen u. a. auch als Liebesmittel gepriesen.

Wirkstoffe des Aphrodisiakums:
Das ätherische Öl der Anissamen besteht zu 80−90 % aus
Anethol.

So kann es die Liebeskraft fördern:
Die moderne Labormedizin fand für die von Dioskurides behauptete Wirkung als Aphrodisiakum bisher keine Erklärung.

Risiken:
Bei einer Überdosierung des Anisols kann Tiefschlaf mit
Lähmungserscheinungen der Muskulatur auftreten.

Weitere Eigenschaften der Heilpflanze:
Die Inhaltsstoffe der Anissamen lösen den Schleim, fördern
Auswurf, lösen Krämpfe und sind blähungstreibend. Bei
Frauen, die geboren haben, kann das ätherische Öl der Anis-
samen außerdem die Milchdrüsen anregen. Den typischen
Geschmack nutzen Bäckereien zur Herstellung von Anis-
plätzchen und Produzenten von Alkoholika zur Destillation
diverser Getränke (»Anisette«, »Ouzo«, der griechische
Anisschnaps).

Kulturgeschichtliche Anmerkungen:
Außer als Liebesmittel lobte Dioskurides die Anissamen als
schmerzstillend, harntreibend sowie zutreffend als blähungstreibend. Celsus empfahl Anis ebenfalls bei Blähungen. Die
berühmte Schola Salernitana beschreibt im 6. Jahrhundert
Anis folgendermaßen:
>»Das Gesicht und Magen Anis stärkt, je süßer je besser
>Nutz er wirkt.«

Rezept:
Für die heute zweckmäßigen Anwendungsgebiete einen Teelöffel Anisfrüchte mit 150 ml kochendem Wasser übergießen
und etwa 10−15 Minuten ziehen lassen.

Baldrian

Valeriana officinalis
Baldriangewächse (*Valerianaceae*)

liebesdämpfend

Verbreitungsgebiet:
rund 200 verschiedene Arten wachsen in Europa, Asien und
Amerika.

Medizinisch genutzt:
vorwiegend die Wurzeln.

Einsatz als Liebesmittel:
Obwohl seit 2000 Jahren aus der Erfahrungsmedizin bekannt
ist, daß Baldrian vor allem beruhigt, setzte man die Heilpflanze auch als Liebesmittel ein. In einer Handschrift aus
dem 15. Jahrhundert heißt es z. B.:
>»Will man gute Freundschaft machen dem Manne und
> dem Weibe, so nimm Valerianum und stoße die zu Pul-
> ver und gibs zu trinken in den Wein.«

Das lag wohl daran, daß Baldrian damals zu den Theriak-
kräutern zählte, der teuer bezahlten Allheilmedizin. Nahezu
alle denkbaren Beschwerden wurden früher mit Baldrian an-
gegangen.

Wirkstoffe des liebesdämpfenden Mittels:
Valepotriate, ätherische Öle, verschiedene Säuren.

So kann es die Liebeskraft beeinflussen:
Für die in der Handschrift aus dem 15. Jahrhundert angesprochene liebesfördernde Wirkung gibt es keine wissenschaftliche Begründung. Baldrian könnte höchstens indirekt
helfen, indem seine Wirkstoffe beruhigend auf die vielleicht
nervösen Nerven einwirken.

Risiken:
bei bestimmungsgemäßem Gebrauch sind keine bekannt.

Weitere Eigenschaften der Heilpflanze:
Die klassischen Einsatzgebiete von Baldrian sind heute alle psychovegetativen Störungen, wie Angst und Spannungszustände, nervöse Beschwerden, wie Schlafstörungen, Einschlaf- und Durchschlafschwierigkeiten, seelische und motorische Unruhezustände, Konzentrationsschwäche, Prüfungsangst, nervöse Herzbeschwerden.

Kulturgeschichtliche Anmerkungen:
Baldrian war früher ein sogenanntes Theriakkraut, Bestandteil einer teuer bezahlten Universalmedizin. Man schrieb der Pflanze außerdem alle möglichen anderen Kräfte zu. So würde sie, in den Bienenkorb gelegt, die Bienen im Stock festhalten und weitere heranziehen. Die Baldrianwurzel würde zudem den Zorn erregen. Aus diesem Grund hätte einer Sage nach z. B. ein Scharfrichter, der ein sehr weiches Herz hatte, vor jeder Hinrichtung ein Stück der Wurzel gekaut um sich »hart zu machen«.
Nach einem anderen, allerdings sehr komplizierten Rezept diente Baldrian auch dazu, Tiere trächtig zu machen. Man mußte den Saft des Baldrians mit dem Pulver eines in einem Wiedehopfnest gefundenen Steins mischen. Wird nun ein Lebewesen damit bestrichen, bringt es ein Tier seiner Art, allerdings in schwarzer Farbe, zur Welt. Dieses wäre dann allerdings so gewaltig, daß es jeden, dem es begegnet, zu Boden werfen kann.
Daß Katzen ganz wild auf Baldrianwurzeln sind, wurde schon früh beobachtet. Auf Forellen sollen die Inhaltsstoffe angeblich ähnlich wirken. Viele Sagen preisen die Heilkraft des Baldrian. So gibt es in der Oberpfalz die nette Geschichte von den freundlichen Holzfräuleins, das sind kleine, höchstens 80 cm große Geister in der Farbe der Moosrinde, die Menschen sehr freundlich gesinnt sind. Sie spinnen Garn und waschen sich mit dem Tau, den sie am Morgen in einem an-

31

deren Liebeskraut finden, dem Frauenmantel. Gern helfen sie Menschen mit guten Ratschlägen. So sollen zu Staffelbach in Oberfranken, als die Pest herrschte, Holzfräuleins aus dem Wald gekommen sein und geraten haben, eßt Bimellen und Baldrian so geht euch die Pest nicht an. Und in Sachsen gibt es ein ähnliches Sprichwort: »Trinkt Baldrian, sonst müßt ihr alle dran.«

In Bayern soll einem Aberglauben nach die Baldrianwurzel an drei Sonntagen im Mai vor Sonnenaufgang gegraben werden. In französischen Sprachgebieten wurde er nur an Johannis geerntet.

Ein interessantes medizinhistorisches Dokument hinterließ der Arzt Johann Friedrich Eschscholtz (1793–1831) aus der estländischen Universitätsstadt Dorpat (heute Tartu). Er hatte den Kapitän Otto von Kotzebue auf einer Reise rund um die Welt begleitet, an der übrigens auch Adelbert von Chamisso teilnahm. Eschscholtz war für die medizinische Betreuung der Mannschaft zuständig und kam meist mit Baldrian und Kamillentee aus. Hinter den unterschiedlichsten Krankheitsbildern stand: »Ich gab ihm eine Dosis Valeriana« (Baldrian).

Medizingeschichtlich interessant ist, daß der beruhigende und damit auch liebesdämpfende Effekt der Heilpflanze zwar schon im 18. und 19. Jahrhundert bemerkt wurde, die wissenschaftliche Begründung dafür fanden die Forscher jedoch erst Mitte der 60er Jahre. Die Inhaltsstoffe des Baldrian, zu einem Drittel die ätherischen Öle, zu einem Drittel die Valepotriate, beeinflussen nicht die Großhirnrinde, sondern die Formatic reticularis des Mittelhirns, das viele lebensnotwendige Vorgänge steuert. Die Heilpflanze beruhigt zwar, schläfert aber nicht ein und schadet auch weder der Konzentration noch der Leistungsfähigkeit.

Rezepte:
Geben Sie 1 Teelöffel Baldrianwurzeln in eine Tasse mit kaltem Wasser. Nach 12 Stunden abseihen und trinken.

Basilikum

Ocimum basilicum
Lippenblüter (*Lamiaceae, Labiatae*)

liebesfördernd

Verbreitungsgebiet:
Tropische und subtropische Landschaften, wird als Kulturpflanze häufig im Topf gezogen (auch bei uns).

Medizinisch genutzt:
In unserem Kulturkreis wird vorwiegend das Kraut oder aber
auch Basilikumpulver und Basilikumöl verwendet.

Basilikum

Einsatz als Liebesmittel:
In größeren Mengen gilt Basilikum seit Alters her als liebesförderndes Mittel, und zwar nicht nur in den Ländern, in
denen es von Natur aus heimisch ist, sondern auch bei uns.
Unzählige volksmedizinische Werke verweisen darauf.

Außerhalb Europas wurde Basilikum auch für Liebeszauber verwendet. So streuen in der Karibik Ehefrauen untreuen Gatten heimlich Basilikumpulver auf die Brust und sind dann sicher, daß die Seitensprünge aufhören. Dort räuchert man auch mit Basilikum, weil dieses der Liebesgöttin Erzuli zugeordnet wird.

Als sehr anregend gilt ein Bad, dem Basilikumöl beigegeben wurde.

Wirkstoffe des Aphrodisiakums:
Basilikum enthält ätherische Öle, Gerbstoffe, Säuren und Vitamine.

So kann es die Liebeskraft fördern:
Eine pharmakologische Begründung für die bei vielen Völkern übliche Verwendung von Basilikum als liebesförderndes Mittel fanden die Wissenschaftler bis heute nicht. Die Erfahrung spricht aber für seine Wirksamkeit. Basilikum gehört außerdem zu den Kräutern, für die sich die Forschung noch nicht übermäßig interessiert hat. Möglicherweise wird noch eine Begründung für die Annahme, die Liebeskraft zu fördern, gefunden. Sein Genuß bessert allein wegen der Vitamine den Allgemeinzustand. Ein Einfluß auf den Hormonhaushalt ist noch nicht völlig erforscht, jedoch zweifellos vorhanden. So haben zum Beispiel Pharmakologen erst jüngst nachgewiesen, daß Basilikum die Milchproduktion bei Wöchnerinnen steigert.

Risiken:
keine bekannt.

Weitere Eigenschaften der Heilpflanze:
Besonders im Mittelmeerraum werden Aufgüsse aus dem Kraut bei Verdauungsproblemen genommen. Wirft man einige Blätter in ein Wasser, so wird dieses nicht brackig – ein Hinweis auf antiseptische Eigenschaften. In der orthodoxen Kirche wird Basilikum deshalb auch für die Wasserweihe be-

nötigt. Fliegen können Basilikum nicht ausstehen: Ein Blumentopf mit der Pflanze in der Küche − und die lästigen Insekten nehmen Reißaus.

Kulturgeschichtliche Anmerkungen:
Pharmakologen rechnen dieses heute in erster Linie als Küchengewürz bekannte Kraut zu den Gewürzdrogen. Daß das Kraut, welches im südlichen Asien, in Mittelmeerländern und in Amerika heimisch ist, früher eine der begehrtesten Heilpflanzen war, beweist der griechische Beiname »basilikon«, das »Königliche«
Auch die alten Ägypter kannten bereits Basilikum. So fanden sich Kränze aus diesem Kraut z. B. in den Totenkammern der Pyramiden. Die römischen Schriftsteller Plinius der Ältere (23−79 n. Chr.) und Aulus Cornelius Celsus (1. Hälfte des 1. Jahrhunderts) haben seine Wirkungen gelobt. Der letztere rechnete Basilikum zu den »scharfen Stoffen«, besonders geeignet zur Förderung der Verdauung und der Harnabsonderung. Plinius meinte, es wäre besonders wirkungsvoll, wenn es unter Fluchen und Schimpfen gesät wird.

Rezepte:
Teezubereitung: Etwa 1 Teelöffel mit Basilikumkraut, frisch oder getrocknet, wird mit heißem Wasser (rund eine Tasse, etwa 150 ml) übergossen und nach etwa 10−15 Minuten durch ein Teesieb abgeseiht.
Salat: Sie können sich aus Basilikum auch einen Salat bereiten. Verwenden Sie nur die zarten Teile der Pflanze und machen Sie alles mit etwas Öl an.

Baumwollwurzel

Gossypium herbaceum
Malvengewächse (*Malvaceae*)

liebesfördernd

Verbreitungsgebiet:
in tropischen Gebieten Asiens, Afrikas und Amerikas.

Medizinisch genutzt:
die Wurzel.

Einsatz als Liebesmittel:
In Asien war man der Ansicht, daß die Inhaltsstoffe bei
Frauen und Männern das Interesse an sexuellen Beziehun-
gen wecken.

Wirkstoffe des Aphrodisiakums:
wenig erforscht.

So kann es die Liebeskraft fördern:
Die moderne Medizin fand keine Bestätigung, daß die Inhaltsstoffe der Baumwollwurzel direkt als Aphrodisiakum
wirken, wie es sich die Asiaten vorstellen.

Risiken:
Schwangere Frauen dürfen Baumwollwurzelextrakte nicht
nehmen, da diese nach vielen Berichten auch abtreibungsför-
dernd wirken.

Weitere Eigenschaften der Pflanze:
Vorwiegend aus dem Samen der Baumwollpflanze wird in
China ein Präparat hergestellt, das die männliche Samenpro-
duktion einschränkt und bei längerer Einnahme ganz zum
Erliegen bringt. Im Westen wurde ein derartiges Präparat
noch nicht zugelassen.

Seit Jahrtausenden ist die Baumwollwurzel Bestandteil der chinesischen Kräutermedizin.

Beinwell
Symphytum officinale
Borretschgewächse (*Boraginaceae*)

liebesfördernd

Verbreitungsgebiet:
Europa und Asien.

Medizinisch genutzt:
Blätter und Wurzeln.

Einsatz als Liebesmittel:
Wurzeln wurden zerstoßen und allein oder mit den Blättern gekocht.

Wirkstoffe des Aphrodisiakums:
Schleimstoffe, Gerbstoffe, Allantoin.

So kann es die Liebeskraft fördern:
Die moderne Labormedizin fand keine Bestätigung, daß Inhaltsstoffe des Beinwell direkt als Aphrodisiakum wirken. Ein sehr leichter Effekt könnte höchstens durch die beobachtete durchblutungsfördernde Wirkung eintreten.

Risiken:
Einige Alkaloide (z. B. Pyrrolizidinalkaloide) können – über lange Zeit – gefährlich werden.

Weitere Eigenschaften der Heilpflanze:
Allantoin fördert die Bildung von Granulatinsgewebe, das

Beinwell

über Verletzungen entsteht und begünstigt damit die Wund-heilung.

Kulturgeschichtliche Anmerkungen:
Als »Wallwurzel«, »Schwarzwurz« gehört der Beinwell seit Jahrhunderten zu den wertvollsten Heilkräutern der Volks-medizin. Schon früh wurde Beinwell-Brei äußerlich ange-wandt zur Heilung von Knochenbrüchen verwendet.

Rezepte:
Teezubereitung: Etwa $1/2-1$ Teelöffel mit Beinwellwurzel oder Kraut frisch oder getrocknet, mit heißem Wasser (rund eine Tasse, etwa 150 ml) übergießen und nach etwa 10−15 Minuten durch ein Teesieb abseihen.

Birke

Moorbirke (*Betula pubescens*)
Hänge-, Weißbirke (*Betula pendula*)
Birkengewächse (*Betulaceae*)

liebesfördernd

Verbreitungsgebiet:
Norden Europas, Mitteleuropa, nördliches Asien.

Medizinisch genutzt:
die Blätter und der Saft.

Einsatz als Liebesmittel:
»Brüchige Männer«, wie man früher Impotente nannte, bekamen aus dem Saft der Birke ein Stärkungsmittel. Auch Frauen, die kein Baby bekommen konnten, bekamen ihn zu trinken, um fruchtbar zu werden. Da der Saft im Frühjahr jeweils gewaltig in die Stämme der Moor- und Weißbirken schießt, unterstellte man früher, daß er eingenommen einem Mann die verlorene Sexualkraft wiederbringt und einer Frau zum erwünschten Kind verhilft. Auch unzählige Volksbräuche erinnern heute noch an die Verbindung zwischen Birke und Liebe: In Bayern, aber auch in anderen deutschen Gegenden, gilt ein Birkenzweig als Zeichen besonderer Zuneigung. Hat ein Bursch (besonders auch in Oberfranken) ein Mädchen zur Freundin gewählt, so steckt er ihr zu Pfingsten einen Birkenzweig an ihr Bett.

Wirkstoffe des Aphrodisiakums:
Der Saft enthält viele Vitamine, Spurenelemente (etwas abhängig vom Wachstumsort), Saponine und Gerbstoffe, ebenso wie die heute öfters verwandten Blätter und Knospen.

So kann es die Liebeskraft fördern:
Die moderne Labormedizin fand keine Bestätigung, daß die Inhaltsstoffe der Birke direkt als Aphrodisiakum wirken, wie

es sich die alten Volksmediziner vorstellten. Nach dem neuen Arzneimittelrecht wird als Anwendungsgebiet nur noch genannt: »Unterstützung einer Entwässerungstherapie sowie Behandlung von Erkrankungen, bei denen eine erhöhte Harnbildung erwünscht ist (z. B. Bakteriurie, Anwesenheit von Bakterien im Harn)«. Möglich ist eine indirekte Wirkung auf die Potenz, weil der vitamin- und mineralstoffreiche Saft auch als allgemeines Stärkungsmittel gilt.

Risiken:
Bei Wasseransammlungen (Ödemen) infolge eingeschränkter Herz- und Nierentätigkeit dürfen Wirkstoffe der Birke nicht genommen werden.

Weitere Eigenschaften der Heilpflanze:
Wie erwähnt haben vor allem Birkenblätter eine harntreibende Eigenschaft. Aus Rinde und Holz gewonnener Teer wird auch bei eitrigen Hautausschlägen verwendet.

Kulturgeschichtliche Anmerkungen:
Nach einem alten Aberglauben sollen bei einem »zu anstrengenden Sexualleben« die Haare ausfallen (was natürlich Unsinn ist). Man verwendete Birkensaft innerlich und äußerlich als Haarwuchsmittel. Birkenteer heißt ein Produkt trockener Destillation, den die Volksmedizin früher als Mittel gegen Gonorrhöe (Tripper) empfahl. Auch diese Anwendung gilt heute als veraltet, als nicht mehr den Regeln der ärztlichen Kunst entsprechend.
Birkenwein galt auch als Schönheitstrank. Aus Birkenlaub stellten die Landbader eine Vielzahl von Medikamenten her, die aus heutiger Sicht natürlich völlig wirkungslos sind. So hackte man das grüne Birkenlaub unmittelbar nach dem Ausschlagen klein und ließ es in Weißbier drei Wochen lang gären. Danach wurde es destilliert und gegen den »Brand« genommen. Zweckmäßiger war sicher die Anwendung des Birkenlaubwassers für kühlende Umschläge.
Der Birkenbaum ist in unserem Kulturkreis, wie schon oben

erwähnt, mit vielen Volksbräuchen verbunden. Im Birkenwald wurden die Frühlingsfeste gefeiert, mit Birkenzweigen schmückten sich die Teilnehmer der Feste. In vielen Gegenden war und ist es Brauch, daß junge Burschen Mädchen Birkenzweige vor das Fenster hängen.

Eine andere Beziehung zum Baum hatten die Kinder. Vom Brauch der Druiden, ihre Schüler mit einem Birkenzweig zu weihen, soll die strafende Birkenrute übriggeblieben sein. Bevor sich die modernen Pädagogen durchsetzen konnten, galt die Birkenrute als ein »vortreffliches Heilmittel gegen Ungehorsam und Trotz«. Aus dem 16. Jahrhundert ist sogar ein Gedicht erhalten:

> »Grüß dich, du edles Reise
> Deine Frucht ist Goldes wert
> der jungen Kinder weise
> du machst sie fromm und gelehrt.«

Rezepte:
Teezubereitung: Etwa 1 Teelöffel mit Birkenblättern, frisch oder getrocknet, werden mit heißem Wasser (rund eine Tasse, etwa 150 ml) übergossen und nach etwa 10−15 Minuten durch ein Teesieb abgeseiht.

Birkensaft (den man auch selbst gewinnen kann, indem man Anfang Mai mit einem Nagelbohrer ein Loch in den Stamm bohrt und den Saft über eine Rinne in einen Becher fließen läßt) wird eßlöffelweise oder schnapsglasweise genommen.

Betelnuß
Areca catechu
Palmengewächse (*Palmae, Arecaceae*)

liebesfördernd

Verbreitungsgebiet:
Südostasien.

Betelnuß

Medizinisch genutzt:
die Früchte.

Einsatz als Liebesmittel:
Zur Stimulierung, auch zur sexuellen, werden Betelnüsse oft
zusammen mit anderen Gewürzen, etwa Muskatnuß, gekaut.

Wirkstoffe des Aphrodisiakums:
Alkaloide, besonders Arecolin.

So kann es die Liebeskraft fördern:
Die Betelnuß wird für den »Betelprim« mit verschiedenen
Zusätzen versehen. Dies hat zur Folge, daß die Wirkung der
Inhaltsstoffe auf das parasympathische Nervensystem, also
jenen Teil des vegetativen Nervensystems, der beruhigt, ver-
langsamt, aufgehoben wird. Erhalten bleibt nur die Wirkung
auf das sympathische Nervensystem, das anregt. Dies erklärt

auch die Wirkung als Aphrodisiakum. Rund 100 Millionen Menschen sind »Betelkauer«.

Risiken:
Überdosierungen können zum Tod durch Herz- und Atemlähmung führen. Professor Hildebert Wagner gibt in seinem Buch »Pharmazeutische Biologie« die tödliche Dosis mit 8–10 g Betelnußsamen an.

Weitere Eigenschaften der Heilpflanze:
Sie wirkt wie Muscarin (giftiges Alkaloid des Fliegenpilzes), regt die Speichel- und Schweißsekretion sowie die Darmtätigkeit an. Wegen der angesprochenen Risiken wird die Betelnuß medizinisch nur noch zur Behandlung von Tieren verwendet.

Bohnen
Phaseolus (viele Gattungen)
Schmetterlingsblüter (*Leguminosae*)

liebesfördernd

Verbreitungsgebiet:
Kulturpflanze in klimatisch gemäßigten Gebieten der Erde.

Medizinisch genutzt:
Für den Bohnenschalentee werden die von den Samen befreiten Bohnenhülsen verwendet.

Einsatz als Liebesmittel:
Schon aus dem Altertum sind aphrodisische Bohnenlieder und Bohnenfeste bekannt, und im Prager Kräuterbuch von P. A. Mattheolos (erschienen im Jahre 1563) heißt es:
  »Die Faseln vermehren die natürlichen Samen.
  Erreizen die unkeuschen Gefühle . . .

man macht daraus ein' sehr köstlichen Weiberschmuck und Anstrich.«

Wirkstoffe des Aphrodisiakums:
Bohnenschalen enthalten verschiedene Aminosäuren. Bohnen enthalten auch Lektin, das ist ein Stoff, mit dem sich die Pflanze vermutlich vor Infektionen durch Bakterien oder Pilze schützt. Lektine haben zugleich die Fähigkeit, rote Blutkörperchen zu verklumpen. Sie werden in der Labormedizin unter anderem zur Identifizierung und Isolierung bestimmter Zellarten eingesetzt.

So kann es die Liebeskraft fördern:
Die angesprochene aphrodisierende Wirkung ist nur eine Annahme der volkskundlichen Erfahrungsheilkunde. Die moderne Labormedizin hat dafür (noch) keine Erklärung gefunden.

Risiken:
keine bekannt.

Weitere Eigenschaften der Heilpflanze:
Tee aus Bohnenschalen wirkt unter anderem harntreibend.

Kulturgeschichtliche Anmerkungen:
Außer als liebesförderndes Mittel hat man Bohnenschalen früher als schwach wirkendes Mittel gegen Zuckerkrankheit und wegen ihrer harntreibenden Wirkung bei Gicht, Rheuma und Nierenkrankheiten genommen.

Rezepte:
200−250 g Bohnenschalen, die es auch getrocknet zu kaufen gibt, mit 1 l Wasser kalt ansetzen, dann mehrere Stunden zugedeckt abkochen und auf die Hälfte der Menge, also $1/2$ l eindampfen. Bis zu 4 Tassen täglich davon trinken.

Brennessel

Kleine Brennessel (*Urtica urens*)
Große Brennessel (*Urtica dioica*)
Brennesselgewächse (*Urticaceae*)

liebesfördernd

Verbreitungsgebiet:
in den meisten, klimatisch gemäßigten Gebieten der Erde.
Brennesseln bevorzugen stickstoffreiche Böden.

Medizinisch genutzt:
Kraut, Samen.

Einsatz als Liebesmittel:
Früher hat man empfohlen, die Samen in Wein zu legen und
den Auszug zu trinken.
»Das reizt zum Beischlaf und öffnet die Gebärmutter . . .«
heißt es zum Beispiel in der »Vergleichenden Volksmedi-
zin«, die 1908 von den Professoren Dr. O. v. Hovorka und
Dr. A. Kronfeld herausgegeben wurde. Als »Vital-Toni-
kum« bei Potenzschwäche findet sich Brennesselsamen heute
in modernsten Präparaten.
Die Araber aßen als Aphrodisiakum die dort vorkommende
Art *Urtica membranacea*. In Südeuropa wird vereinzelt
Brennessel in diesem Zusammenhang auch äußerlich angewandt: Man preßt aus den Samen ein Öl und reibt damit die
Geschlechtsteile ein.

Wirkstoffe des Aphrodisiakums:
Vitamine (A und C), Mineralstoffe (z. B. Kaliumnitrat, Kal-
ziumnitrat, Eisen), Gerbsäure. Die Brennhärchen enthalten
Histamin.

So kann es die Liebeskraft fördern:
Über die vitalisierende Kraft berichten Vertreter der mittel-
alterlichen und der neuzeitlichen Naturheilkunde. Im Labor

wurde ein Wirkungsnachweis in diesem Bereich noch nicht erbracht. Hier gilt die Erfahrungsmedizin vieler Völker.

Risiken:
Das Bundesgesundheitsamt sieht in einem Monographieentwurf in Wasseransammlungen (Ödemen) infolge eingeschränkter Herz- und Nierentätigkeit eine Gegenanzeige für jede Form von Brennesselextrakten. Auch als Potenzmittel werden heute Brennesselsamenextrakte in Form von alkoholischen Auszügen angeboten. Für Leber- und Gallekranke und für Menschen, denen der Arzt ganz allgemein Alkoholverbot gegeben hat, sind derartige Präparate nicht geeignet.

Weitere Eigenschaften der Heilpflanze:
Empfohlen werden Brennesselextrakte vor allem auch zur Unterstützung der Behandlung von Beschwerden beim Wasserlassen und zur Förderung einer erhöhten Harnbildung. Nach den strengen Richtlinien, die ab 1990 in Deutschland für alle Naturheilmittel gelten, dürfte dies künftig das Hauptanwendungsgebiet dieser Heilpflanze sein. Natürlich gibt es noch viele weitere Anwendungsmöglichkeiten. Doch hier fehlt für die Wissenschaftler die exakte Wiederholbarkeit von Wirkungsweisen. So führen Brennesselextrakte auch zur Blutdrucksenkung. Doch die Dosierung ist so individuell und so schwierig, daß dafür hergestellte Präparate nach 1990 nicht mehr zugelassen werden.
Im Mittelmeerraum hat man Tee und Salate auch bei Bronchitis, Rheuma und gegen Milcharmut bei Frauen empfohlen.

Kulturgeschichtliche Anmerkungen:
Bei uns gilt heute die Brennessel als Unkraut, das häufig ausgerottet wird. Sie gehört aber zu den ganz alten Heil- und Gemüsepflanzen, die schon die alten griechischen und römischen Ärzte gegen eine Vielzahl von Leiden empfahlen.
Pedanios Dioskurides aus Anazarbos (1. Jh. n. Chr.), ein griechischer Arzt, dessen medizinische Werke unser Gesund-

heitssystem bis in die Neuzeit beeinflußten, hatte unzählige Brennesselrezepte. Gegen Hundebiß sollten Umschläge helfen, ebenso gegen Geschwüre. Bei Verrenkungen empfahl er die Blätter, ebenso bei Nasenbluten und Gebärmuttervorfall (in den letzten beiden Fällen sollten die Blätter nach jahrtausendealten Rezepten »eingelegt« werden, berichten die Professoren Dr. O. v. Hovorka und Dr. A. Kronfeld in ihrem schon erwähnten Werk »Vergleichende Volksmedizin« (Stuttgart, 1908). Dergleichen empfiehlt heute natürlich kein Arzt mehr. Absurd ist die im gleichen Werk angegebene Anwendungsart, die besagt, »daß eine Frau, welche den Urin auf Brennesseln läßt, nicht schwanger wird.«

Rezepte:
Teezubereitung: Etwa 1 Teelöffel voll Brennesselblätter, frisch oder getrocknet, werden mit heißem Wasser (rund eine Tasse, etwa 150 ml) übergossen und nach etwa 10–15 Minuten durch ein Teesieb abgeseiht.
Salat: Brennesseln sind eine hervorragende Beigabe zu Salaten. Sehr schmackhaft sind auch junge zarte Blätter, wenn sie wie Spinat zubereitet werden. Spitzenköche haben viele exzellente Variationen erfunden (kochen, hacken, abtropfen, in Butter dünsten, mit Rahm verbessern, verfeinert mit anderen Kräutern und Gewürzen).

Durianbaum
Durio zibethinus
Wollbaumgewächse (*Bombacaceae*)

liebesfördernd

Verbreitungsgebiet:
Südostasien

Medizinisch genutzt:
die Früchte.

Durianfrucht

Einsatz als Liebesmittel:
Die Früchte des bis zu 30 m hohen Durianbaums sind kopf-
groß und werden zur Erntezeit praktisch auf jedem Markt
angeboten. Europäer schrecken meist erst einmal zurück,
wenn die stachelige Frucht mit dem großen Messer aufge-
schlagen wird und von der man sich — was die Potenzförde-
rung anbelangt — wahre Wunderdinge erzählt.
Unter der harten, dicken Schale befinden sich fünf Fächer
mit jeweils einem bis vier Samen, die in weißem, prachtvoll
aussehendem Fruchtfleisch eingebettet sind. Die Früchte,
auch Stinknüsse genannt, sind eßbar, riechen jedoch penetrant nach verdorbenen Zwiebeln.
»Europäer überwinden allmählich die Abscheu vor dem Geruch und erblicken dann in den Durionen eine der größten
Delikatessen . . .«, heißt es schon in einem Reisebericht aus
dem vergangenen Jahrhundert. Vom Durianbaum wird vieles für medizinische Zwecke genutzt. Als liebesförderndes
Mittel werden vollreife, gerade vom Baum gefallene Früchte
für besonders wirkungsvoll gehalten.

Wirkstoffe des Aphrodisiakums:
wenig erforscht.

So kann es die Liebeskraft fördern:
Die angesprochene aphrodisierende Wirkung der Durionen ist nur eine Annahme der volkskundlichen Erfahrungsheilkunde. Die moderne Labormedizin hat die Wirkstoffe noch nicht ausreichend erforscht.

Risiken:
In Verbindung mit Alkohol – und nur dann – können unter Umständen erhebliche Gesundheitsstörungen auftreten.

Weitere Eigenschaften der Heilpflanze:
Die Frucht ist ein schmackhaftes Nahrungsmittel. Der Saft gilt zugleich als Mittel, Frambösie bei Kindern zu heilen (eine durch die *Treponema pertenue* – eine Bakterienart – verursachte Schmierinfektion).
Die Wurzeln werden einem Absud zugesetzt, der Fieber senken kann.
Die Blätter des Baumes werden mit anderen Heilkräutern gekocht und bei Bauchschmerzen als Umschlag genutzt.
Gelbsuchtkranke baden in der Provinz Perak (Malaysia) in einem Absud aus Durianblättern.

Kulturgeschichtliche Anmerkungen:
Seit Jahrhunderten berichten Reisende von den Durionen, die einen feinen, rahmartigen Geschmack besitzen und daher von Einheimischen höher geschätzt werden als jedes andere Obst. Ohne irgendwie schädlich zu sein, riecht es jedoch penetrant nach Zwiebeln. Weil der Gestank unerträglich würde – kämen etwa die Ausdünstungen einer einzigen Frucht in die Klimaanlage eines Flugzeugs, verbietet z. B. die Malaysian Airline System (MAS), die malaysische Staatslinie, die Mitnahme dieser Früchte in die Kabine. Auch vor manchen Hotels findet man in Malaysia das Schild: Keine Durionen ins Haus bringen! Überwindet man den Abscheu vor dieser Frucht, dann ist sie auch für Europäer eine unvergleichliche Delikatesse.

Unreif werden die Durianfrüchte als Gemüse gegeben. Das reife Fruchtfleisch kann man sofort essen oder auch mit Salz einmachen. Die Samen werden manchmal wie Kastanien geröstet.

Eiche
Quercus
Buchengewächse (*Fagaceae*)

liebesfördernd

Verbreitungsgebiet:
ganz Europa.

Medizinisch genutzt:
früher Eicheln, Rinde, Wurzeln sowie die Galläpfel der Blätter, heute vorwiegend die Rinde.

Einsatz als Liebesmittel:
Als impotent angesehene Männer tranken als Sextonikum Eichelkaffee, wobei die gepulverte Eichel ebenso geröstet

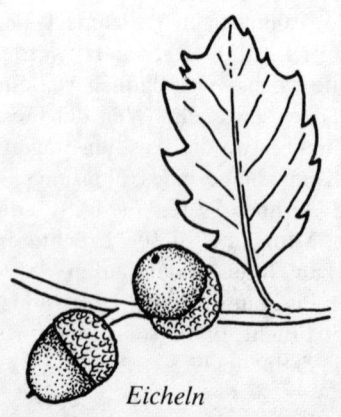

Eicheln

wurde wie der Kaffee. Auch die auf den Blättern wachsenden Galläpfel waren als Liebesmittel geschätzt, besonders wenn sie von den »brüchigen« Männern im Mai genossen wurden. Doch sagte schon Tabernaemontanus, daß sie »zur Arznei nichts taugen«.

Wirkstoffe des Aphrodisiakums:
Die Eichenrinde enthält, je nach dem Alter des Baums, zwischen 8 und 20 % Catechingerbstoffe. Ein Extrakt daraus war deshalb früher das bekannteste Gerbemittel.

So kann es die Liebeskraft fördern:
Die angesprochene aphrodisierende Wirkung der Eicheln ist nur eine Annahme der volkskundlichen Erfahrungsheilkunde. Die moderne Labormedizin hat dafür (noch) keine Erklärung gefunden.

Risiken:
Bei bestimmungsgemäßem Gebrauch der heute eingesetzten Arzneimittel sind keine Risiken bekannt.

Weitere Eigenschaften der Heilpflanze:
Die Volksmedizin verwendete Abkochungen aus Eichenrinde auch bei Gebärmutterleiden der Frauen. Eine Anwendung, die heute natürlich als völlig unzweckmäßig angesehen wird. Dioskorides erkannte jedoch bereits die zusammenziehende und austrocknende Kraft der Gerbstoffe und schrieb deshalb, daß sie als Umschlag Entzündungen lindern. In unserem Kulturkreis wurden Teile des Baumes u. a. auch bei Durchfall eingesetzt. Dies ist nicht ganz unzweckmäßig, jedoch hat man heute dafür viel bessere Präparate mit weniger Nebenwirkungen. Man verwendet aus den Inhaltsstoffen der Eichenrinde hergestellte Präparate zu diesem Zweck.
Nach der neuesten Monographie des Bundesgesundheitsamts wird Eichenrinde, die dem Deutschen Arzneimittel-Codex von 1979 entsprechen muß, zur Bereitung von Spül- und Gurgellösungen sowie von Bädern genutzt.

Als Anwendungsgebiete gelten Entzündungen von Zahnfleisch (Gingivitis) und Mundschleimhaut (Stomatitis), vermehrte Fußschweißsekretion, Analfissuren (Riß der Analschleimhaut) sowie ergänzende Behandlung bei Frostbeulen.

Kulturgeschichtliche Anmerkungen:
In vorchristlicher Zeit wurde die Eiche in Europa von vielen Völkern als Heiligtum der höchsten Gottheiten verehrt. Ein Kranz aus Eichenlaub war eine der höchsten Ehrungen. Selbst in der Bibel werden berühmte Eichen erwähnt (bei Moses, 1, 35, 48, bei Samuel 1, 10, 3). Während des letzten Krieges diente der aus den Eicheln hergestellte Eichelkaffee vor allem als Kaffee-Ersatzmittel.

Rezepte:
Zur Bereitung von Spül- und Gurgellösungen werden 2 Eßlöffel voll Eichenrinde in 500 ml Wasser, zur Bereitung eines Teilbades, 500 g Eichenrinde in 4−5 l Wasser, 15−20 Minuten gekocht und anschließend abgegossen.

Frauenmantel
Alchemilla vulgaris
Rosengewächse (*Rosaceae*)

liebesfördernd

Verbreitungsgebiet:
Europa, Westasien, Ostamerika. Vom Frauenmantel gibt es unzählige weitere Arten z. B. den Alpenfrauenmantel, den sogenannten verwachsenen Frauenmantel, den spaltblättrigen Frauenmantel, den Ackerfrauenmantel und diesen wiederum als sogenannten gemeinen und als kleinfrüchtigen.

Medizinisch genutzt:
das Kraut.

Einsatz als Liebesmittel:
Man nahm Frauenmanteltee oder Frauenmantelbäder, wenn
z. B. Unterleibskrämpfe ein erfülltes Liebesleben verhinderten.

Wirkstoffe des Aphrodisiakums:
Gerbstoffe, Bitterstoffe, ätherische Öle. Herausragend ist
dabei der Catechingerbstoff.

So kann es die Liebeskraft fördern:
In einem alten Kräuterbuch steht:
> »So die Weiber mit dem Kochwasser von diesem Kraut
> ihre Heimlichkeit waschen, drängt dieselbe zusammen als
> wären sie Jungfrauen. Solch Wasser mit Leinentüchlein
> auf die Brüste gelegt, läßt sie nicht größer wachsen.«

Die erste Anwendungsempfehlung spielt auf die adstringierende, auf die zusammenziehende Wirkung der Frauenman-

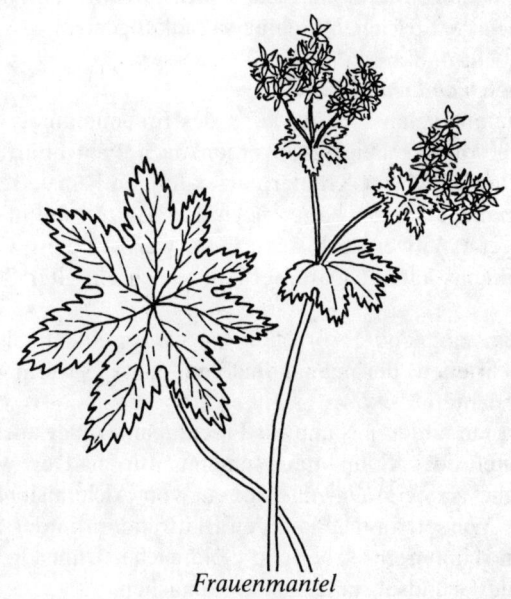

Frauenmantel

tel-Inhaltsstoffe an, die zutreffend beobachtet wurde. Soweit, daß sich das weibliche Geschlechtsorgan erheblich verengt, wie in einem alten Kräuterbuch behauptet wird (und dadurch einem irrigen Glauben nach die sexuelle Lust des Mannes erhöht), dürfte die Wirkung jedoch nicht gehen.

Risiken:
In seltenen Fällen kann das Auftreten von Leberschäden nach Einnahme von Zubereitungen aus Frauenmantelkraut nicht ausgeschlossen werden – heißt es in einem Monographie-Entwurf des Bundesgesundheitsamts.

Weitere Eigenschaften der Heilpflanze:
Wegen des Gerbstoffgehalts kann Frauenmanteltee bei Entzündungen im Mund- und Rachenraum, aber auch bei Magen- und Darmkatarrh helfen.
Die neueste Monographie des Bundesgesundheitsamts läßt als Anwendungsgebiet zu: »Zur Unterstützung der Therapie akuter, unspezifischer Durchfallerkrankungen.«

Kulturgeschichtliche Anmerkungen:
Die zusammenziehende Wirkung des Frauenmantels wurde früher besonders bei Beschwerden nach Fehlgeburten genutzt. Der Schweizer Kräuterpfarrer Johann Künzle schreibt z. B. »manche Kinder hätten noch ihre Mutter und mancher geschlagene Witwer noch seine Frau, wenn er diese Gottesgabe gekannt hätte«. Daran erinnert auch ein alter Segensspruch:
> »Wem ein Kind zerbrochen (so wurde eine Fehlgeburt umschrieben) der nehme Sinao und halte es warm zu den Gemächten.«

Sinao ist ein anderer Name für Frauenmantel, der auch Marienmantel oder Sonnentau genannt wurde. Der wissenschaftliche Name *Alchemilla* kommt von Alchimistenkraut. Weil die Wassertröpfchen an den Blatträndern in der Sonne so schön schimmern, sahen die Goldmacher früher in ihnen die ideale Grundsubstanz zum Goldmachen.

54

Rezepte:
3−4 Teelöffel des Krauts werden mit 150 ml heißem Wasser übergossen und nach 10 Minuten durch ein Teesieb abgeseiht. Sie können Frauenmantelkraut aber auch als Beigabe zu Suppen nehmen. Die Behandlung von Darmstörungen soll auf 3−4 Tage beschränkt bleiben. Sollten die Durchfälle länger anhalten, ist ein Arzt aufzusuchen.

Galgant
Alpinia officinarum
Ingwergewächse (*Zingiberaceae*)

liebesfördernd

Verbreitungsgebiet:
Ostasien.

Medizinisch genutzt:
die Wurzeln.

Einsatz als Liebesmittel:
Die heute auch bei uns medizinisch genutzte Galgantwurzel aus China, in Malaysia bekannt als »lengkuas china«, wird von Männern seit Jahrhunderten als liebesförderndes Mittel, besonders bei Erektionsschwäche, genommen.

Wirkstoffe des Aphrodisiakums:
Ätherische Öle, insbesondere Cineol und Eugenol sowie Harzanteile (Galangol).

So kann es die Liebeskraft fördern:
Dieser Anwendungsbereich ist noch wenig erforscht.

Risiken:
Bei Ulkus pepticum, das ist ein gutartiges Geschwür in den Abschnitten des Verdauungstrakts, die mit Magensaft in

Berührung kommen, soll Galgant nicht genommen werden. Als Nebenwirkungen gibt Dr. Wighard Strehlow in seinem Monographie-Entwurf für Galgant an: »Bei zu hoher Dosierung (mehr als 2 g) oder unsachgemäßer Einnahme kann es bei Patienten mit empfindlichem Magen zu Magendruck oder Magenschmerzen kommen. Eine längere Verstimmung wurde nie beobachtet.

Weitere Eigenschaften der Heilpflanze:
Früher galt Galgant als das »universale Herzmittel«, obwohl die Inhaltsstoffe lange Zeit unbekannt waren. Der modernen Forschung gelang jetzt eine überraschende Entdeckung: Galgant enthält tatsächlich auch herzwirksame Inhaltsstoffe. Eine berechtigte Hoffnung für Infarktgefährdete deutet sich hier möglicherweise an.
Wissenschaftler bewiesen inzwischen im Laborversuch − es gibt auch schon erste klinische Tests −, daß die in Galgant und einigen anderen Zingiberaceen-Drogen enthaltenen ätherischen Öle die Verklumpung jener Blutplättchen verhindern können, die beim Herzinfarkt an einer geschädigten Gefäßwand ein Blutgerinnsel, einen Thrombus, bilden und so Herzgefäße verschließen können.
Möglich wurde der Beweis durch die Entdeckung von Prostacyclin, eine im Körper aus Fettsäuren laufend entstehende hochwirksame Substanz, die in geringen Mengen nahezu im ganzen Körper vorkommt. Es spielt bei vielen Lebensvorgängen und Krankheitsprozessen eine Rolle. Vieles ist noch unerforscht. Entdeckt wurde aber bereits, daß Prostacyclin als »Gegenspieler« der Thromboxane wirkt, die für die Thrombose, die Entstehung eines Blutpfropfens durch eine Zusammenballung der Blutplättchen, verantwortlich sind.
Im Körper des Gesunden besteht eine genaue »Balance« zwischen den Thromboxanen, die eine Gefäßverengung und eine Zusammenballung der Blutplättchen verursachen, und dem Prostacyclin, das die Adern erweitert und die Zusammenballung jener Blutplättchen hemmt. Ist diese »Balance« gestört, so kann es zu verschiedenen Krankheiten kommen.

Wird zuwenig Prostacyclin freigesetzt, kreisen im Körper mehr Thromboxane. Die Gefäße können sich verengen, die Gefahr der Thrombosebildung besteht.

Eine Arteriosklerose, eine Verdickung der Schlagaderwände mit Elastizitätsverlust und entzündlichen Veränderungen, vermindert weiter die Freisetzung von Prostacyclin. Krankheiten, bis hin zum Herz- und Hirninfarkt, können entstehen.

Der Wirkstoff Eugenol, der unter anderem im Galgant enthalten ist, wirkt hemmend auf die Freisetzung der in den Blutplättchen vorhandenen Arachidonsäure ein. Aus dieser Säure entstehen über einen komplizierten Mechanismus, bei dem auch das Adrenalin eine Rolle spielt, die Thromboxane, die – außerhalb der natürlichen »Balance« – Herzinfarktanfälligen gefährlich werden können.

Dr. med. Rolf Deininger, Geschäftsführer des Bereiches Wissenschaft und Forschung der Firma Klosterfrau, berichtete auf einem Symposium, das kürzlich in Eutin stattfand, daß durch das erwähnte Eugenol die durch Adrenalin ausgelöste Zusammenballung der Blutplättchen bei allen Laborversuchen verhindert wurde. Getestet wurden dabei u. a. Galgant, aber auch »Melissengeist-Gesamtöl«, das u. a. diesen Stoff enthält. Bei anderen Stoffen gelang dies gar nicht oder nur teilweise.

Es sind natürlich noch viele wissenschaftliche Untersuchungen nötig, bis man eventuell an die Entwicklung eines Medikaments denken kann. Doch ergeben sich bereits wichtige Hinweise auf die Wirksamkeit dieser Inhaltsstoffe zur Vorbeugung von Herzinfarkten.

Im Rahmen der Selbstmedikation kann Galgant als Magenmittel genommen werden. In einem Monographie-Entwurf, den Dr. Wighard Strehlow fertigte, der in Konstanz eine »Hildegard-Praxis« betreibt (also Empfehlungen aus den Schriften der Heiligen Hildegard heute anwendet), ist als Anwendungsgebiet aufgeführt: »Appetitlosigkeit, Verdauungsschwäche, Meteorismus (Blähsucht) sowie Gastrokardialer Symptomenkomplex (auch Roemheld-Syndrom genannt, das sind durch starke Blähungen oder einen zu gefüllten Magen hervorgerufene Herzschmerzen)«.

Kulturgeschichtliche Anmerkungen:
Zu Zeiten der Heiligen Hildegard war Galgant, heute Bestandteil von Destillaten wie Melissengeist und auch Magenmitteln, nur für Reiche erschwinglich. Der bei uns für medizinische Zwecke importierte Galgant, ein Ingwergewächs, dessen Blüte einer Orchidee ähnelt, und das in Ostasien als Potenzmittel geschätzt ist, wird heute nur noch in Südchina kultiviert. Über arabische Indienhändler kam er bereits im 8. Jahrhundert nach Mitteleuropa.

Rezepte:
Apotheken, die sich etwa auf »Hildegardmedizin« spezialisiert haben, bieten Galgantwurzeln gepreßt in Tablettenform an. Man kann das aus Wurzeln hergestellte Pulver auch mit Honig mischen, damit der scharfe Geschmack gemildert wird. Nach alten Rezepten wird die Galgantwurzel in Wein gekocht – und die so entstehende Flüssigkeit getrunken. Medikamente, die Galgant enthalten, sollen entsprechend den Bestimmungen eingenommen werden.

Ginseng
Panax ginseng, Panax quinquefolius
Araliengewächse (*Araliaceae*)

liebesfördernd

Verbreitungsgebiet:
Ostasien, aber auch Nordamerika.

Medizinisch genutzt:
die Wurzel.

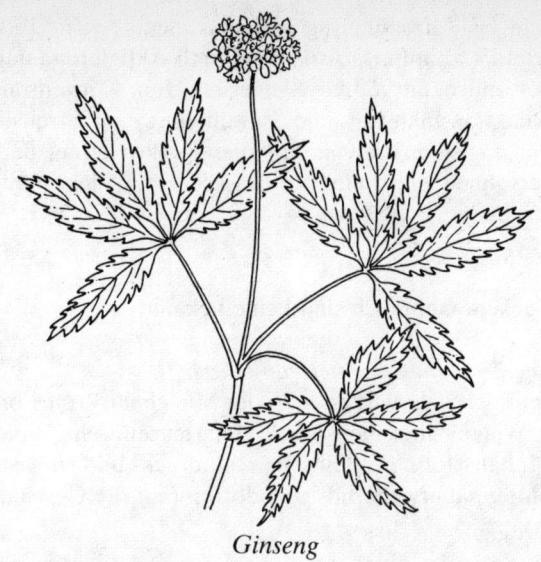

Ginseng

Einsatz als Liebesmittel:
Ginseng galt in Ostasien als Allheilmittel und wurde natürlich auch bei Impotenz angewandt. Aus heutiger Sicht schreibt der Ginsengspezialist Anton M. Kirchdorfer in seinem Buch »Ginseng« (München, 1981): »Die Ginseng-Wirkstoffe sind kein Potenzmittel im herkömmlichen aufputschenden Sinn. Die Verbesserung der Liebesfähigkeit ist aber ein zwangsläufiges Ergebnis der stimulierenden und tonisierenden Wirkung auf den Gesamtorganismus.«

Wirkstoffe des Aphrodisiakums:
Die Pflanze ist besonders reich an Saponinen, die sich aus vielen Einzelverbindungen, den Ginsenosiden, zusammensetzen.

So kann es die Liebeskraft fördern:
Noch einmal Ginsengspezialist Anton M. Kirchdorfer, der feststellt, daß die Wirkung der Wurzel nicht »isoliert im Sinne einer Steigerung der sexuellen Potenz« gesehen werden

darf und als Anwendungsgebiet u. a. nennt: »Zur Bewältigung von Erschöpfungszuständen durch Aktivierung der Ge-
samtpersönlichkeit, durch Steigerung von Konzentrations-
und Reaktionsfähigkeit und Bewältigung von Streßsituati-
onen im täglichen Leben. Mit dieser Aktivierung der Ge-
samtpersönlichkeit ist eine Verbesserung der Liebesfähigkeit
eng verbunden.«

Risiken:
bei üblichem Gebrauch sind keine bekannt.

Weitere Eigenschaften der Heilpflanze:
Aus heutiger Sicht wirken − so der Münchner Professor Hildebert Wagner in seinem Buch »Pharmazeutische Biologie«
− die Inhaltsstoffe des Ginseng »blutdruck- und cholesterin-
senkend, gefäßerweiternd, gonadotrop (auf die Geschlechtsdrüsen)«.

Kulturgeschichtliche Anmerkungen:
Die Chinesen haben dieser Wurzel wahre Wunderdinge zugeschrieben. Die koreanischen Mediziner waren der Überzeugung, daß Ginseng »die Kräfte des Menschen restauriert«
und das beste stärkende Mittel der Welt sei. Die Pflanze
habe selbst die Kraft, das hinschwindende Leben eines Ster-
benden für einige Tage aufzuhalten.
Einzelnen Teilen der Wurzel wurde unterschiedliche Heilkraft zugewiesen. So soll der obere Teil der Wurzel Augen-
krankheiten heilen, das zweite Glied allgemeine Schwäche,
das dritte und vierte Magenkrankheiten, Erkältungen und
Frauenkrankheiten, die weiteren Teile »in Greisen jugendli-
che Kräfte neu erwecken« usw.
Für die Ernte gab es unzählige Vorschriften. So galt die
Heilwirkung von Ginseng nur dann als gesichert, wenn die
Wurzel in den ersten Tagen des zweiten, vierten und achten
Monats geerntet wurde.
Um 1700 wurde die Wurzel auch bei uns bekannt. Auch in
Europa schätzte man schnell das Medikament, das »die

durch Alter oder durch verschiedene Exzesse verlorengegangenen Kräfte wiedergeben konnte«, wie es in einem alten Arzneibuch heißt. Um die Jahrhundertwende verlor sich das Interesse. »Eine indifferente, wertlose Droge« steht in Lexika aus dieser Zeit. Erst neuere Forschungen bestätigen die Wirksamkeit der Pflanze bei Anwendungsgebieten, die auch die Erfahrungsmedizin schon seit Jahrhunderten kannte.

Rezepte:
Ginseng wird heute meist in Hartgelatine-Kapseln, als Flüssigkeitsextrakt oder in Tablettenform angeboten. Den Empfehlungen gemäß anwenden.

Granatapfel
Punica granatum
Granatapfelgewächse (*Punicaceae*)

liebesfördernd

Verbreitungsgebiet:
Mittelmeerraum, Vorderasien, Südasien.

Medizinisch genutzt:
Die Äpfel selbst, die Kerne, die Schalen und vor allem auch die Rinden dienten als Mittel gegen Bandwürmer und gegen viele andere Beschwerden.

Einsatz als Liebesmittel:
Wegen der vielen Kerne, die sich in der Schale eines Granatapfels verbergen, galt er seit alters her bei vielen Völkern als Symbol der Fruchtbarkeit. Ihr Saft wurde z. B. in Südamerika, wohin der Baum exportiert wurde, als Sextonikum genutzt.

Wirkstoffe des Aphrodisiakums:
Die Pflanze ist besonders reich an Gerbstoffen.

So kann es die Liebeskraft fördern:
Die angesprochene aphrodisierende Wirkung ist nur eine Annahme der volkskundlichen Erfahrungsheilkunde. Die moderne Labormedizin hat dafür (noch) keine Erklärung gefunden. Der Saft wirkt aber sicher allgemein kräftigend.

Risiken:
bei üblichem Genuß sind keine bekannt.

Weitere Eigenschaften der Heilpflanze:
Dioskurides bezeichnete den Granatapfel als zwar wohlschmeckend und dem Magen bekömmlich, aber nicht nahrhaft. Keine der von ihm empfohlenen Anwendungsgebiete (harntreibend, Blutsturz, Ruhr, Gicht, Geschwüre an der Scham und am After, überwachsene Fingernägel usw.) gelten heute noch als zweckmäßig.

Kulturgeschichtliche Anmerkungen:
In unserem Kulturkreis galt der Granatapfel als Symbol der Herrschertugenden und der Herrscherwürde. Kaiser Maximilian I. wurde von Dürer mit einem aufgebrochenen Granatapfel in der linken Hand dargestellt.
Nach der Odyssee wuchs er im Garten des Königs der Phäaken. Aphrodite selbst hatte ihn auf Zypern gepflanzt. Die Griechen sahen ihn als Attribut der Göttin Hera. Seinen lateinischen Namen bekam er, weil die Römer die Granatapfelbäume in Punien kennenlernten. Im Mittelalter wurde der Granatapfel nicht nur zum Symbol der Kaiser und Könige, sondern auch der Jungfrau Maria. Seine Blüte gilt als Symbol feuriger Liebe.

Rezepte:
Wegen der geleeähnlichen Außenhüllen der Samenschalen sind Granatäpfel nach wie vor ein außerordentlich geschätztes Obst. Aus ihrem Saft kann man auch ein wohlschmeckendes Sorbet machen.

Hirtentäschel

Capsella bursa-pastoris
Kreuzblütengewächse (*Cruciferae*)

liebesdämpfend

Verbreitungsgebiet:
gemäßigte Klimazonen.

Medizinisch genutzt:
das Kraut.

Einsatz als Liebesmittel:
Im Mittelalter galt zum einen der Aberglaube, daß dieses
Kraut, Jungfrauen gegeben, die Geschlechtslust dämpfen
würde. Wie bei vielen anderen Kräutern, die Gerbstoffe ent-
halten, schätzte man jedoch auch die zusammenziehende
Wirkung auf die Geschlechtsregion, wodurch sich einem Irr-

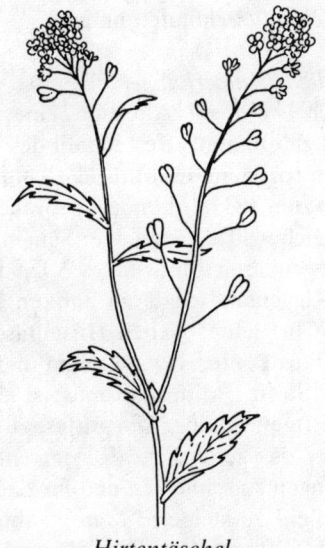

Hirtentäschel

glauben nach die sexuelle Lust der Männer beim Beischlaf erhöhen würde.

Wirkstoffe des Aphrodisiakums:
ätherische Öle, die erwähnten Gerbstoffe, Cholin, Alkaloide.

So kann es die Liebeskraft beeinflussen:
Die erwähnten Wirkungen sind nur eine Annahme der Erfahrungsheilkunde. Die moderne Forschung hat dafür keine Erklärung gefunden.

Risiken:
Sofern es zweckmäßig verwendet wird, sind keine Risiken bekannt.

Weitere Eigenschaften der Heilpflanze:
Die Gerbstoffe wirken gefäßverengend, blutstillend, können bei Hämorrhoiden helfen. Aus dem gleichen Grund können Spülungen bei Zahnfleischbluten helfen.

Kulturgeschichtliche Anmerkungen:
Das Hirtentäschel war im Altertum eine hochgeschätzte Heilpflanze. Es galt u. a. als Bestandteil des mithridatischen Gegengifts, dem sogenannten Mithridatikum. Man verstand darunter ein bis zum 18. Jahrhundert gebräuchliches Allheilmittel, das zugleich »giftfest« machte. Seinen Namen bekam es nach dem legendären Mithridates VI., dem König von Pontos, einer Küstenlandschaft im antiken Kleinasien, der von 132−63 v. Chr. lebte. Neben Hirtentäschel enthielt es Blut von Enten aus Pontos sowie Opium und andere durchaus gefährliche Stoffe. Mithridatismus ist danach die Bezeichnung für Giftgewöhnung. Um giftfest zu werden, hatten früher Herrscher das gefährliche Rezept entwickelt, zuerst kleinste Giftmengen zu schlucken und im Laufe der Zeit die Menge immer mehr zu steigern. Man glaubte, daß sich der Körper so an das Gift gewöhnt. Dem König Mithridates VI.,

der dieser Technik den Namen gab, half das alles nichts, er
starb trotzdem durch eine Erhebung seines Sohnes.
Weitere Anwendungsgebiete waren im Altertum Blutflüsse,
Malaria usw. Auch setzte man Hirtentäschelextrakt Klistie-
ren zu und wandte diese bei Hüftweh an.

Rezepte:
2 Teelöffel Hirtentäschelkraut mit 150 ml heißem Wasser
übergießen und nach 10 Minuten durch ein Teesieb abseihen. Es gibt auch Preßsaft von Hirtentäschelkraut (hiervon
nur 1−2 Teelöffel nehmen). Außerdem kann man junges
Hirtentäschelkraut dem Salat beigeben. Auch verfeinert es
Soßen und Suppen.

Holunder
Sambucus
Geißblattgewächse (*Caprifoliaceae*)

magisches Liebesmittel

Verbreitungsgebiet:
Europa, Westasien.

Medizinisch genutzt:
vorwiegend die weiß- bis elfenbeinfarbigen Blüten, die im
Juni/Juli geerntet und getrocknet werden.

Einsatz als Liebesmittel:
Man war früher davon überzeugt, daß ein Hollerbaum, der
sich traditionell bei jedem Bauernhof befand − und auch befindet − auf magische Weise zu Fruchtbarkeit und Kindersegen verhilft. Viele Redensarten weisen auf einen derartigen
Glauben hin. Die Österreicher sagen z. B. »Kinder vom Hollerbaum herabbeuteln«, wenn sie von neugeborenen Kindern sprechen.

Die Frau Holla oder Holder, die den Holunder mit seinen übernatürlichen Kräften ausrüstet, ist zugleich die Schirmherrin aller jungen Eheleute, die dem Aberglauben nach allen Frommen »Kindersegen schenkte«.

Wirkstoffe des Aphrodisiakums:
Heute sieht man alles sachlicher. Die Pharmakologen haben aus den Holunderblüten Rutin, Isoquercitren, Hyperosid, ätherisches Öl, diverse Säuren, Gerbstoffe und Schleim isoliert.

So kann es die Liebeskraft fördern:
Die angesprochene aphrodisierende Wirkung der Inhaltsstoffe wird von der modernen Forschung nicht bestätigt. Jedoch meint Perger, ein Autor aus dem vergangenen Jahrhundert: »Wenn man sich bei vielen Pflanzen nicht erklären kann, wie sie im Volk Bedeutung bekamen, so begreift man dies beim Holunder wieder sehr leicht, indem der starke Duft seiner Blüten, seine Fülle von Früchten, sein leichtes Mark und seine im Vertrocknen hohl werdenden Zweige mehr als genügend hinreichen, die Aufmerksamkeit zu erregen . . .«

Risiken:
Bei der heute zweckmäßigen Anwendung sind keine bekannt.

Weitere Eigenschaften der Heilpflanze:
Holunderblütentee wirkt schweißtreibend, harnbildend und leicht abführend.

Kulturgeschichtliche Anmerkungen:
Auch der Holunderbaum gehörte zum Kreis der sogenannten heiligen Bäume. Unsere Vorfahren zogen vor ihm den Hut und die Schleswig-Holsteiner baten um Verzeihung, eh sie seine Äste stutzten und fragten ehrfürchtig an: »Frau Holder, gib mir was von deinem Holz, dann will ich dir von meinem auch was geben, wenn es wächst im Walde.«

Bei den Germanen war der Holunder Bestandteil des Totenkults. Holunder soll dem Verstorbenen in einer jenseitigen Welt Segen spenden. Bevor der Schreiner einen Sarg anfertigte, nahm er mit einem langen Hollerzweig Maß am Toten und der Fuhrmann, der die Leiche transportierte, verwendete statt der Peitsche für diese Fahrt einen Hollerstock.

Zweckmäßig haben alle Völker Holunderblüten als schweißtreibendes Mittel eingesetzt. Der Märchendichter Hans Christian Andersen (1805–1875) schreibt in einem seiner berühmten Märchen von der schweißtreibenden, heilenden Fliedermutter. Bei den Wenden half Holunderblütentee oder der Brei der Früchte gegen Beschwerden aller Art.

Früher produzierte man aus den Blüten auch ein Öl. Es wurde hauptsächlich äußerlich, bei Hautkrankheiten angewandt. Man erhoffte von ihm außerdem Hilfe bei Gicht, Krämpfen, Wespen- und Bienenstichen.

Verwendet wurden früher auch die Beeren. In Süddeutschland traute man ihnen sogar zu, daß Leben zu verlängern. »Er hatte gelesen, daß jene Leute zu hohen Jahren kommen, weil sie neben einer Diät von Milch, Brot und Salz fleißig Holunderbeeren gegessen« heißt es in Riehls kulturgeschichtlichen Novellen. Als Medikament genossen wurden auch frische Holunderbeeren, Holunderbeeren als Mus und getrocknete Holunderbeeren. Auch stellte man Holunderbeerenspiritus her.

Nach einem komplizierten Rezept gegen Fieber mußte man pulverisierte Holunderbeeren mit Branntwein übergießen, alles anzünden und den Rest – ordentlich durchgerührt – löffelweise bei Wechselfieber essen.

Einen Bezug zum Liebesleben hat wiederum der Begriff Holderstock oder Holunderstock, mit dem Liebhaber bezeichnet werden. So heißt es in Eduard Mörikes Erzählungen:

»So, man hat auch schon seinen Holderstock, das hätt' ich ihr nicht zugetraut. Wer ist denn der Liebste?«

Und auch bei Hans Sachs nennt eine Frau ihren Mann ihren lieben Holderstock.

Rezepte:
Ein Tee aus Holunderblüten, heute vorwiegend wegen ihrer schweißtreibenden, schleimlösenden und sekretionsfördernden Wirkung geschätzt, ist einfach zuzubereiten. 1−2 Eßlöffel Blüten mit siedendem Wasser übergießen und bedeckt ¼ Stunde ziehen lassen. Dann etwas gesüßt und so heiß wie möglich trinken. Er kann außerdem vorbeugend als Frühstücks- oder auch Abendtee genossen werden.
Schweißtreibende, auswurffördernde, magenstärkende sowie leicht abführende Wirkung haben auch die Holler- oder Holunderbeeren. Sie können pur, als Saft, als Suppe oder auch als Wein genossen werden.

Hopfen
Humulus lupulus
Maulbeergewächse (*choraceae*)

liebesdämpfend

Verbreitungsgebiet:
Europa, Asien, Nordamerika.

Medizinisch genutzt:
die weiblichen Fruchtstände, die Hopfenzapfen.

Einsatz als Liebesmittel:
Bei slawischen und finnischen Völkern galten die Hopfenzapfen als Fruchtbarkeitssymbol. Bei anderen Völkern sollte es u. a. die Reizbarkeit der Sexualorgane lindern. Da seine beruhigende Wirkung frühzeitig erkannt wurde, war Hopfen jedoch bei den meisten Völkern eher als liebesdämpfendes Mittel in Gebrauch.

Wirkstoffe des Anaphrodisiakums:
harzförmige Bitterstoffe, Humulone und Lupulone, Gerbstoffe sowie ätherische Öle.

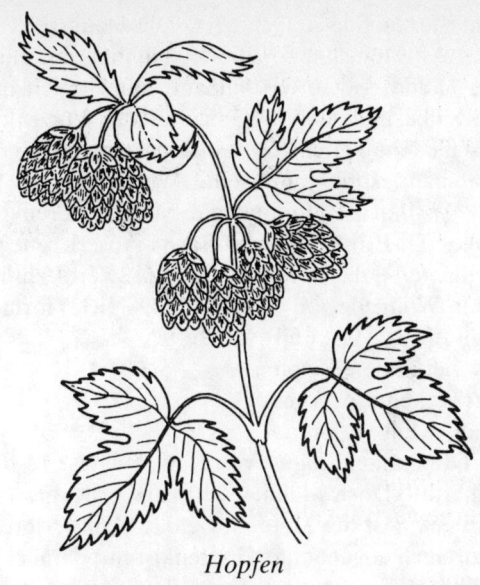

Hopfen

So kann es die Liebeskraft beeinflussen:
Auch die angesprochene liebesdämpfende Wirkung ist eine
Beobachtung der volkskundlichen Erfahrungsheilkunde. Die
moderne Wissenschaft hat dafür noch keine Erklärung gefunden.

Risiken:
bei bestimmungsgemäßem Gebrauch sind keine bekannt.

Weitere Eigenschaften der Heilpflanze:
Hilfe bei Unruhe und Schlafstörungen.

Kulturgeschichtliche Anmerkungen:
Hopfen wird bereits im 9. und 10. Jahrhundert erwähnt, so
z. B. in Urkunden des Stifts Freising in Oberbayern. Hildegard von Bingen spricht öfters von ihm, auch Albertus Ma-
gnus. Er wird sowohl im Sachsenspiegel als auch im Schwa-
benspiegel beschrieben. Früher braute man mit seiner Hilfe

nicht nur Bier, sondern auch Met. Die Hauptzeitschrift der deutschen Altertumskunde zitiert: »Nimm dann einen halbmetzigen Hafen und tu ihn halbvoll mit Hopfen und einer Handvoll Salbei und siede das Ganze mit der Würze des Mets.« Daß verschiedene Sprichwörter im Zusammenhang mit Hopfen entstanden, spricht für seine Wertschätzung. Das bekannte: »An ihm ist Hopfen und Malz verloren« erwähnt schon Jakob D. Ernst in seinem Buch »Auserlesene Gemütsergötzlichkeiten«, das in Magdeburg 1682 veröffentlicht wurde. Johann Wolfgang von Goethe (1749−1832) formulierte:

»Denn oft ist Malz und Hopfen,
an so viel armen Tropfen,
soviel verkehrten Toren,
und alle Müh verloren.«

Und der Dramatiker August von Kotzebue (1761−1819) verallgemeinerte: »Doch Männer sind ganz unverbesserlich geboren, an ihnen ist der Hopfen wie das Malz verloren.« Früher waren auch sogenannte Hopfenkissen gebräuchlich, die man z. B. dem Gast ins Bett legte, damit er ruhig schlief.

Rezepte:
Sinnvoll ist heute, wie erwähnt, Hopfen als Hilfsmittel bei Unruhe und Schlafstörungen zu nehmen. 1−2 Teelöffel voll Hopfenzapfen werden mit heißem Wasser, etwa 150 ml (etwa eine Tasse), übergossen und nach 10−15 Minuten durch ein Teesieb abgeseiht. Manche bereiten die jungen Triebe der Hopfenpflanzen wie Spargel zu.

Ingwer
Zingiber officinale
Ingwergewächse (*Zingiberaceae*)

liebesfördernd

Verbreitungsgebiet:
Ingwer ist in Asien heimisch und wurde von dort von Mendoza nach Amerika gebracht.

Medizinisch genutzt:
die Wurzel.

Einsatz als Liebesmittel:
Als Gewürz (Bestandteil des Curry) wirkt es allgemein anregend.

Wirkstoffe des Aphrodisiakums:
Gingerole und Methylgingerole sowie Zingiberol und Zingiberen.

So kann es die Liebeskraft fördern:
Das Gewürz wirkt allgemein anregend.

Risiken:
bei bestimmungsgemäßem Gebrauch sind keine bekannt.

Weitere Eigenschaften der Heilpflanze:
Das Gewürz dient zur Bereitung von aromatischen Tinkturen, wurde medizinisch auch zur Verdauungsanregung sowie als blähungstreibendes Mittel benutzt. Bäcker und Konditoren verwenden Ingwer, es wird für die Likörherstellung gebraucht, Engländer brauen daraus ihr Ingwerbier (Ginger Ale).

Kulturgeschichtliche Anmerkungen:
Ingwer spielte im Mittelalter, wie Pfeffer und Galgant, eine große Rolle im Ostasienhandel. In unzähligen alten Schriften finden sich Hinweise auf die Wertschätzung des Ingwers auch in Europa. Paul Fleming (1609–1640) dichtete zum Beispiel:
>»Bring Zucker und Kanehl,
>Succat und Ingwer auch
>des Schachen Magens Seel.«

Rezepte:
Ingwer wird heute vorwiegend als Gewürz verwendet.

Kardamom

Elettaria cardamomum
Ingwergewächse (*Zingiberaceae*)

liebesfördernd

Verbreitungsgebiet:
Südostasien, Mittelamerika.

Medizinisch genutzt:
die Früchte.

Einsatz als Liebesmittel:
Besonders in arabischen Ländern glaubt man an seine liebesfördernde Wirkung.

Wirkstoffe des Aphrodisiakums:
ätherische Öle, vorwiegend Cineol.

Kardamom

So kann es die Liebeskraft fördern:
In Ostasien wird die liebesfördernde Wirkung der Betelnuß erhöht, indem man Kardamom mitkaut. Die angesprochene aphrodisierende Wirkung ist jedoch nur eine Annahme der volkskundlichen Erfahrungsheilkunde. Die moderne Labormedizin hat dafür (noch) keine Erklärung gefunden.

Risiken:
bei geringem Gebrauch sind keine bekannt.

Weitere Eigenschaften der Heilpflanze:
Kardamom wird bei uns vorwiegend als Aromatikum und in der Medizin als blähungstreibendes Mittel verwendet.

Kulturgeschichtliche Anmerkungen:
Schon im Altertum war Kardamom als Gewürz- und Heilpflanze hoch geschätzt. Da manche Araber glauben, Kaffeegenuß wäre der Liebeskraft abträglich, wird Kardamom mit anderen Kräutern gelegentlich auch in den Kaffee gegeben, um die unerwünschte Nebenwirkung auszuschalten.

Rezepte:
Kardamom harmonisiert verschiedene asiatische Gewürze. Auch für Weihnachtsgebäck wird es verwendet. Wenn Sie Kaffee à la arabia trinken wollen, geben Sie 4 Kardamomkörner oder eine Messerspitze frisch gemahlenen Kardamoms in die Tasse.

Karotten
Daucus
Doldengewächse (*Umbelliferae*)

liebesfördernd

Verbreitungsgebiet:
Europa, Westasien.

Medizinisch genutzt:
die Wurzel.

Einsatz als Liebesmittel:
Im 1563 erschienenen Prager Kräuterbuch von P. A. Mattheolos heißt es:
»Die Möhren gesotten
sind lieblich zu essen
dem Magen nützlich
treiben den Harn
bringen Lust zu Speis
und zu den ehelichen Werken . . .«.
Auch bei Dioskurides findet sich der Hinweis, daß Möhren oder Karotten den Geschlechtstrieb steigern. Sie sollen zugleich die Empfängnis fördern.

Wirkstoff des Aphrodisiakums:
Karotten enthalten den rotgelben Farbstoff Carotin mit besonders viel Vitamin A.

So kann es die Liebeskraft fördern:
Die angesprochene aphrodisierende Wirkung ist nur eine Annahme der volksheilkundlichen Erfahrungsmedizin, die moderne Labormedizin hat dafür noch keine Erklärung gefunden.

Risiken:
Beim Genuß des Gemüses in üblichen Mengen sind keine bekannt, jedoch kann eine Überdosierung von Vitamin A, sei es durch ungeheure Mengen von Karottensaft oder durch Medikamente, zu körperlichen Störungen führen.

Weitere Eigenschaften der Heilpflanze:
Mohrrüben sind ein beliebtes Gemüse und wegen ihres Salz- und Vitamingehalts in Form von Preßsaft zugleich ein wertvolles Kindernahrungsmittel.

Dioskurides schrieb u. a., daß Karotten außerdem harntreibend wirken, die Menstruation fördern und nach einer Entbindung die Nachgeburt erleichtern.
Kaiser Karl der Große empfahl die Karotten bzw. Mohrrüben als Kulturpflanze.

Rezepte:
Besonders konzentriert sind die wertvollen Inhaltsstoffe der Mohrrübe, wenn aus ihr gewonnener Preßsaft genossen wird.

Kletten
Arctium lappa
Korbblüter (*Compositae*)

liebesfördernd

Verbreitungsgebiet:
Europa und Asien.

Medizinisch genutzt:
früher die Wurzeln.

Einsatz als Liebesmittel:
Man war früher der Ansicht, daß die Inhaltsstoffe der Heilpflanze die Potenz stärken. Außerdem sollen Klettenwurzeln die Haare wieder sprießen lassen, deren Wuchsfreudigkeit ebenfalls im Zusammenhang mit Sexualität gesehen wurde.

Wirkstoffe des Aphrodisiakums:
Kletten enthalten Insulin, Gerbstoffe, Bitterstoffe.

So kann es die Liebeskraft fördern:
Die angesprochene aphrodisierende Wirkung ist nur eine Annahme der volkskundlichen Erfahrungsheilkunde. Die

Klette

moderne Labormedizin hat dafür (noch) keine Erklärung gefunden.

Risiken:
keine bekannt bei äußerlichem Gebrauch.

Weitere Eigenschaften der Heilpflanze:
Die Inhaltsstoffe wirken schweiß- und harntreibend, regen den Stoffwechsel an.

Kulturgeschichtliche Anmerkungen:
Früher schrieb man der Klette noch alle möglichen Kräfte zu. Innerlich angewendet sollte sie bei Lungengeschwüren helfen. Äußerlich gegen Gliederschmerzen. Auch das Auflegen der Blätter auf alte Wunden wird heute nicht mehr als zweckmäßig angesehen, wenngleich einige Inhaltsstoffe gegen Bakterien wirken können.
Wurzelextrakte galten lange Zeit in der Volksmedizin als Mittel zur Blutreinigung. Am bekanntesten ist der Einsatz

als Haarwuchsmittel. Während des Krieges brauten manche aus Klettenwurzeln einen Kaffeersatz.

Rezepte:
Klettenwurzeln gibt es in der Apotheke zu kaufen. Man kann sie (1−2 Teelöffel auf eine Tasse Wasser) abkochen.

Knabenkraut
Stattliches Knabenkraut (*Orchis mascula*)
Helmknabenkraut (*Orchis militaris*)
Kleines − oder Salettknabenkraut (*Orchis morio*)
Knabenkrautgewächse (*Orchidaceae*)

magisches Liebesmittel

Verbreitungsgebiet:
Europa, zum Teil auch Sibirien.

Medizinisch genutzt:
Heute überhaupt nicht mehr. Das Knabenkraut ist geschützt. Früher nahm man die Knollen, die so ähnlich wie Hoden (gr. Orchis) aussehen.

Einsatz als Liebesmittel:
Knabenkrautknollen, wie Zwiebeln gekocht, sollen verlorene Zeugungskraft wiedergeben. Die größeren Wurzeln, von Männern gegessen, sollen die Geburt von Knaben bewirken, die kleineren die Geburt von Mädchen. Griechische Frauen bereiteten die kleinen zarten Knabenkrautwurzeln mit Ziegenmilch, wenn sie die Liebeslust anregen wollten und nahmen große feste, wenn sie die Absicht hatten, die Triebe zu dämpfen.

Wirkstoffe des Aphrodisiakums:
wenig erforscht.

So kann es die Liebeskraft fördern:
Liebesfördernde Kräfte unterstellte man der Pflanze — für die heute übrigens ein totales Handelsverbot besteht — aufgrund der Lehre von der Signatur. Der berühmte Arzt und Naturforscher Paracelsus (1493–1541) vertrat die Anschauung, daß Naturkörper, insbesondere Pflanzen, aber auch Steine, durch ihre Gestalt, Farbe usw. andeuteten, gegen welche Art Leiden sie anzuwenden sind. Wörtlich schrieb er: »Die Natur zeichnet jegliches Gewächs, das von ihr ausgeht zu dem, dazu es gut ist. Also haben auch die Formen alle ihre Arznei so in ihnen ist. Hat die Form der Füße, so ist sie für die Füße, hat die Form der Hände, so ist sie für die Hände . . .«

Die Wurzeln des Knabenkrauts haben die Form der Hoden, also stärken sie nach den Gesetzen der Naturlehre die Kraft der Lenden. Einen wissenschaftlichen Beweis gibt es dafür natürlich nicht.

Risiken:
Für Knabenkräuter besteht absolutes Handelsverbot. Sie dürfen aus diesem Grund nicht genossen werden.

Weitere Eigenschaften der Heilpflanze:
Früher sah man in dem Knabenkraut nahezu ein Allheilmittel, das auch gegen Geschwülste, Geschwüre, Durchfall usw. hilft. Auch dafür gibt es keinen naturwissenschaftlichen Beweis.

Kulturgeschichtliche Anmerkungen:
Der Aberglaube um das Knabenkraut ist Jahrtausende alt. Dioskurides berichtet bereits von der angeblich liebesfördernden Kraft der hodenförmigen Wurzeln. Einer griechischen Sage nach war es Orchis, der den Orchideen den Namen gab, der Sohn eines lüsternen und trunksüchtigen Satyrs (Fruchtbarkeitsdämonen) und einer Nymphe. Er wurde erschlagen und kehrte als Orchidee wieder ins Leben zurück. Diese Orchideen, die hodenförmigen Wurzeln, waren der

Sage nach auch die Hauptnahrung der Wald- und Berggeister und den Wirkstoffen eben dieser Orchideen schrieb man deren lüsternes Verhalten zu.

Theophrastos aus Eresos auf Lesbos, der von 371–287 v. Chr. lebte und dessen botanische Schriften noch bis ins Mittelalter hinein von großer Bedeutung waren, meinte sogar, eine einzige dieser Orchideen würde einen Mann in die Lage versetzen, zwölfmal hintereinander den Liebesakt zu vollziehen.

Die Orientalen waren von der Pflanze überhaupt fasziniert. Sie brühten diese hodenförmige Orchideenwurzel, befreiten sie von der braunen Haut und trockneten alles. Pulverisiert und mit der 50-fachen Menge kochenden Wassers vermischt, bereiteten sie daraus Salep, ein schleimartiges Getränk, dem Honig zugesetzt wurde und das Wollust und Manneskraft vermehrt. Seinen Namen hat das Wundermittel aus dem arabischen bekommen: Es wurde abgeleitet von Huse at-ta lab, der Bezeichnung für Fuchshoden. Sowohl in Isfahan als auch in Konstantinopel gab es ausgesprochene Salep-Salons, in denen das Getränk genossen wurde. Ende des 18. Jahrhunderts gab es solche Institutionen sogar in London.

In unserem Kulturkreis gab es unzählige Regeln für die heute verbotene Ernte des Knabenkrauts. Nach einer Vorschrift durften die Wurzelknollen nur am Fest des Heiligen Johannes der Täufer, also am 24. Juni und zwar lediglich zwischen 11 und 12 Uhr nachts geerntet werden. Dabei mußte der Spruch aufgesagt werden: »Ich grab dich für mich zur Liebe und zum Glück.«

Der Johannestag, an dem auch die Sonnenfestfeuer brannten und feurige Räder und Fässer von den Bergen herabgerollt wurden, galt als idealer Zeitpunkt für die Erforschung der Zukunft und des Liebesschicksals. Allerdings muß man vorsichtig umgehen, denn auch Hexen und böse Geister, die das Liebesleben negativ beeinflussen können, sind an diesem Tag tätig.

Dann gab es noch allerhand unappetitliche Rezepte, mit denen man meinte, die liebesfördernde Kraft des Knabenkrautes weiter erhöhen zu können. So packte man die Wurzel in eine Leinwand und steckte sie in die Hose in den Bereich der Geschlechtsorgane. Die Wurzel nahm dann die Ausdünstungen auf und wurde dem angebeteten Mädchen oder Mann unters Kopfkissen gelegt (ähnliches stellten übrigens die Burschen auch mit Äpfeln an). Daran dachte der Literaturhistoriker Daniel Georg Morhof (1639–1691), der Begründer der allgemeinen Literaturgeschichte nicht, als er in einem Hochzeitsgedicht auf die liebesfördernde Kraft anspielte:

> »Kein Keuschbaum, Klosterpfeffer dienet
> das ist nur (nun) Unkraut für die Braut,
> bringt lieber, was für beide grünet,
> hier Knaben-, Taschen-, Pfennigkraut.«

Rezepte:
Die vom Aussterben bedrohte Pflanze darf nicht mehr geerntet werden.

Knoblauch

Allium sativum
Liliengewächse (*Liliaceae*)

liebesfördernd

Verbreitungsgebiet:
Vorderasien, Südasien, Mittelmeerraum, Orient, Nordamerika, im Süden Rußlands.

Medizinisch genutzt:
die Zwiebel.

Einsatz als Liebesmittel:
Der Zwiebel, die wegen ihres intensiven Geruchs oft wenig beliebt ist, werden indirekte, positive Einflüsse auf das Sexualleben zugesprochen.

Wirkstoffe des Aphrodisiakums:
Allicin, das für den typischen Knoblauchgeruch verantwortlich ist und an der Luft oder im Wasser zu Polysolfiden abgebaut wird. Dies geschieht auch – nach dem Knoblauchgenuß – im menschlichen Körper. Der typische Geruch geht beim

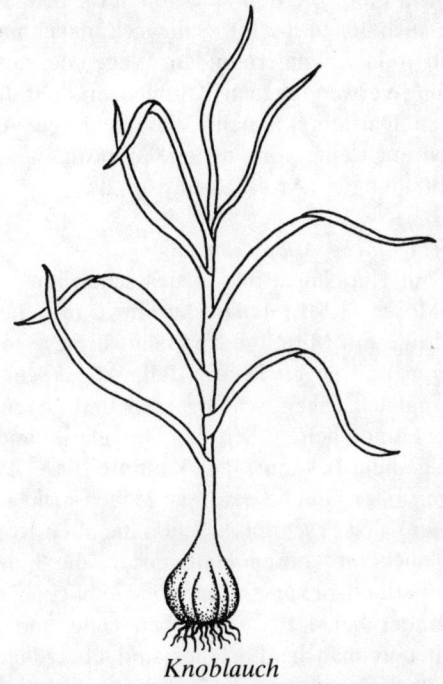

Knoblauch

Ausatmen in die Luft über, deshalb merkt man noch Stunden nach der Mahlzeit, ob jemand Knoblauch gegessen hat oder nicht.

So kann es die Liebeskraft fördern:
Die angesprochene aphrodisierende Wirkung ist nur eine Annahme der volkskundlichen Erfahrungsheilkunde. Die moderne Labormedizin hat dafür (noch) keine Erklärung gefunden.

Risiken:
bei üblichem Gebrauch sind keine bekannt.

Weitere Eigenschaften der Heilpflanze:
Der Inhaltsstoff Allicin wirkt vor allem gegen Bakterien und
zwar noch in einer Verdünnung von 1:100 000. Knoblauch-
saft wirkt auch gegen die Pilze, die sich manchmal zwischen
den Zehen und den Fingern bilden. Wegen der antibakteriel-
len Wirkung verwendet man Knoblauchpräparate auch bei
chronischen Darminfektionen. Viele schreiben den Knob-
lauchzehen auch eine vorbeugende Wirkung gegen Verkal-
kungserscheinungen (Artereosklerose) zu.

Kulturgeschichtliche Anmerkungen:
Hinweise auf Knoblauch finden sich schon im Alten Testa-
ment (4, Moses 11,5). Für Dioskurides waren die Zwiebeln
in erster Linie ein Mittel gegen Bandwürmer, gegen Läuse
und Wanzen und gegen Haarausfall. Abgekocht mit Wein
sollte es zugleich gegen Schlangenbiß und gegen die Bisse
tollwütiger Hunde helfen. Seit den Dracularomanen und -fil-
men ist allgemein bekannt, daß Vampire diese Zwiebel wenig schätzen. Der Glaube daran ist jedoch nicht nur auf das
heutige Rumänien beschränkt. Schon die alten Römer haben
mit Knoblauch ihre bösen Hausgeister, die Lemuren, ge-
bannt. In Estland bekamen aus dem ähnlichen Grund die
kleinen Kinder bei der Taufe neben Geld und Brot auch
Knoblauch und manche Forscher sind überzeugt, daß das
Moly mit dem Odysseus den Zauber der Circe unschädlich
machte, eine Knoblauchart war.
In der Bukowina und in anderen Gegenden war man der
Überzeugung, daß Knoblauch vor Beschreien und Verhexen
schützt. Am St. Andreastag wurde deshalb Knoblauch an
Türen und Fensterkreuze geheftet und im Mittelalter galt
Knoblauch als sogenanntes Bauerntheriak, also als relativ
preiswertes Allheilmittel, das auch der breiten Bevölkerung
zur Verfügung stand.
In einem Traktat heißt es: »Ist warm und trocken im vierten

Grad, verdünnet, dringet durch, öffnet, verteilt, dienet wider dem Gift, die Kolik oder Grimmen so von Blähungen entstanden, widersteht den Würmern im Leibe, giftigen Schwämmen, so man dergleichen gegessen hat. Wenn einem ungefähr eine Eidechse in den Mund gekrochen und dergleichen. Die Pest zu verhüten kann auch der Knoblauch mit Essig vermengt gebraucht werden.«

Rezepte:
Knoblauch gehört zu den verbreitetsten Küchenkräutern. Wer den intensiven Geruch scheut, kann auch auf Knoblauchpillen ausweichen.

Kokospalme
Cocos nucifera
Palmengewächse (*Palmae*)

magisches Liebesmittel

Verbreitungsgebiet:
Küstenregionen aller tropischen Länder.

Medizinisch genutzt:
das Öl der Früchte (Kokosfett).

Einsatz als Liebesmittel:
Bestandteil eines südostasiatischen Liebeszaubers.

Wirkstoffe des Aphrodisiakums:
Die Kopra (zerkleinerte und getrocknete Kokusnußkerne) besteht überwiegend aus Fett.

So kann es die Liebeskraft fördern:
Auf Bali versuchen Frauen, die einen Mann begehren, das Öl einer grünen Kokosnuß auf dessen Körper zu tröpfeln.

Danach sprechen sie siebenmal pro Tag folgenden Liebeszauber:

»Ong, Sanghyang Smara (das ist der Liebesgott)
weilt in den Ecken meiner Augenbrauen,
Bhatara Lumanglang (ein anderer Liebesgott)
in meinen Pupillen
Hitze, schüttle das Herz des N. N. (hier folgt der Name
des Angebeteten)
Er sieht meinen Körper,
möge seine Begierde,
die Dewas, die Dengen,
die Liebe zwischen Mann und Frau,
alt und jung, groß und klein,
alle sich meiner erbarmen und Zuneigung zu meinem
Körper empfinden,
möge immer stärker werden die Sehnsucht des ...
(Name) nach mir!«

Risiken:
keine bekannt.

Weitere Eigenschaften der Heilpflanze:
Aus dem durch Auspressen bei 70−80° C gewonnenen Kokosöl entsteht Kokosfett (Cocos Oleum), die Grundlage für pflanzliche Brat- und Backfette.

Kulturgeschichtliche Anmerkungen:
Es gibt nichts, was von einer Kokospalme nicht verwendet werden kann. Die Milch der Kokosnuß ist ein schmackhaftes Getränk, der Kern ein wertvolles Nahrungsmittel, der Saft der abgeschnittenen Blütenstände liefert Palmzucker und − durch Gärung − Palmwein.
Dies hat die Europäer ungemein verblüfft, als sie im 16. und 17. Jahrhundert nach Ostasien kamen. Ein interessantes kulturhistorisches Dokument dazu liegt in der Nationalbibliothek in Wien. Der Nürnberger Gabriel Holzschuher schrieb es am 10. 1. 1580 von Goa an den Augsburger Kaufmann

Sixt Adelgaiß, der zumindest zeitweise einzelnen Mitgliedern der berühmten Fugger als kaufmännischer Agent diente. Zur Kokospalme heißt es darin: »Es gibt eine Frucht, davon das Volk lebt. Sie liefert ein schöner hoher Baum, den nennt man Palmero. Davon ernährt sich das Volk. Palmen tragen eine Frucht so groß und gestaltet als eine Melone. Die hat inwendig viel Wasser. Aus solcher Frucht macht man Dinge – wer es nicht weiß oder sieht, kann es nicht glauben. Magst mir aber gänzlich glauben nachfolgendes, den guten Bericht davon ich hab.

Man macht aus solcher Frucht Wein, der ist gut zu trinken. Öl, das ist gut zum Essen, auch zu brennen. Auch Essig und Wasser zu trinken. Mehr Zucker, auch Milch und Fett und sunderlich Papier, darauf dem man schreibt. Mehr etc. so man allerlei Geschirr, Schüssel und viel ander Ding. Möcht einer gedenken wies möglich ist, so mancherlei Ding zu machen und alle ganz verschieden, also alle Kontrario, eins gegen das andere. Weiters macht man aus solchem Baum ein ganzes Schiff, als nämlich (auch) das Schiffsseil und Segel, Nägel, Tuch und Strick. Außerdem Ziegel, um die Häuser zu bedecken, wofür kein ander Zeug als solcher Baum dazu da ist.

Auch für solches Schiff der Proviant so darin geladen, auch Speis und Trank alles aus solchem Baum kommt. Solches Schiff und Zeug hab ich schon bisher selbst gesehen, ist ein seltsam Ding, hab nit wolln glauben. . . .«

Rezepte:
Die Kokosnuß ist außerordentlich schmackhaft und nahrhaft, die frische Milch hat jeder, der bereits in den Tropen war, schätzen gelernt.

Koriander

Coriandrum sativum
Doldenblüter (*Umbelliferae*)

liebesfördernd

Verbreitungsgebiet:
östliches Mittelmeer, Anbau aber auch in Mitteleuropa und
der UdSSR.

Medizinisch genutzt:
die Früchte.

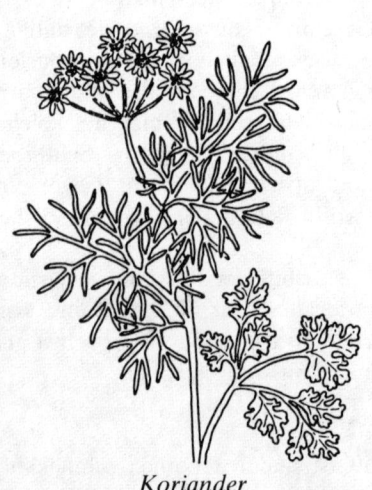

Koriander

Einsatz als Liebesmittel:
Durch seinen positiven Einfluß auf das Nervensystem soll
das Gewürz auch eine liebesfördernde Wirkung haben.

Wirkstoffe des Aphrodisiakums:
Gerbstoffe, ätherische Öle.

So kann es die Liebeskraft fördern:
Die angesprochene aphrodisierende Wirkung ist nur eine Annahme der volkskundlichen Erfahrungsheilkunde. Die moderne Labormedizin hat dafür (noch) keine Erklärung gefunden.

Risiken:
bei geringem Gebrauch sind keine bekannt.

Weitere Eigenschaften der Heilpflanze:
Die Korianderfrüchte und das daraus gepreßte Öl wirken krampflösend und regen die Magensaftproduktion an. Deshalb setzt man beides vorwiegend als Magenmittel und als Medikament gegen Blähungen ein. Die Duftstoffe des Korianders sind bei der Herstellung von Kräuterlikören gefragt.

Kulturgeschichtliche Anmerkungen:
In einem der ganz berühmten Kräuterbücher des Mittelalters, z. B. in der Arzneimittellehre des Muwaffak aus dem 10. Jahrhundert, wird Koriander als liebesanregendes Mittel angeführt.

Rezepte:
Koriander ist ein beliebtes Küchengewürz. Es paßt besonders zu Lamm, Fisch und Hammelfleisch. Enthalten ist Koriander auch im Weihnachtsgebäck (Spekulatius), in Wurst- und Backwaren.

Labkraut
Galium verum
Rötegewächse (*Rubiaceae*)

schützt bei der Liebe vor Infektionen

Verbreitungsgebiet:
gemäßigte Klimazonen in Europa und Asien.

Medizinisch genutzt:
das blühende Kraut.

Einsatz als Liebesmittel:
Als Allheilmittel soll es bei der Liebe vor allem vor Infektionen schützen.

Wirkstoffe des Aphrodisiakums:
vor allem Glykoside und das Labferment.

Risiken:
bei geringem Gebrauch sind keine bekannt.

Weitere Eigenschaften der Heilpflanze:
Die Volksmedizin empfiehlt Labkraut vor allem bei Magenbeschwerden, Blasenkatarrh, Nierenleiden. Wegen der
schon früh beobachteten desinfizierenden Wirkung werden
zerquetschte Blätter auch bei Hautkrankheiten aller Art angewendet.

Kulturgeschichtliche Anmerkungen:
Im Mittelalter war das Labkraut vor allem ein Zaubermittel.
Das hängt mit der Sage zusammen, nach der die Mutter Gottes das Jesuskindlein auf Stroh aus diesem Kraut gebettet haben soll. Daher kommen auch andere Namen des Krautes,
wie Liebfrauenstroh, Unserer Frauen Bettstroh, Unserer lieben Frau Bettstroh, Mutter Gottes Bettstroh.
Die Schlesier meinten, die Gottesmutter hätte das Christ-
kind deshalb auf Labkraut gebettet, weil die Esel, die ja
auch nach traditioneller Vorstellung mit im Stall waren, daran nicht knabberten. Der Volksglaube sprach der Pflanze im
Lauf der Jahrhunderte immer mehr Kräfte zu.
Die Nürnberger glaubten schließlich, daß es auch gegen Fieber helfen könnte. Ein Büschel davon wurde unters Kopfkissen gelegt und dazu sprach man dann: »Heil sei dir, du heilig
Kraut/hilf uns zu gesunden/auf dem Ölberg wurdest du aller-
erst gefunden/du bist gut für manches Weh/heilest manche

Wunden/bei der Jungfrau heilgen Strauß/lasse uns gesunden.«

Rezepte:
Für einen Teeaufguß aus dem echten Labkraut nimmt man 1–2 Teelöffel auf 150 ml Wasser. Das Kraut wird übergossen, 10 Minuten stehengelassen, abgeseiht und dann getrunken. Die Inhaltsstoffe des echten Labkrauts lassen die Milch gerinnen. Deshalb verwendet man es u. a. in England zur Herstellung des Chesterkäses.

Lein
Linum usitatissimum
Leingewächse (*Linaceae*)

liebesfördernd

Verbreitungsgebiet:
In Europa gibt es verschiedene Leinsorten. Die für medizinische Zwecke verwendete Leinart ist in Nordafrika und in Argentinien heimisch, wird aber in den meisten Gebieten mit gemäßigtem oder auch tropischem Klima kultiviert.
Medizinisch genutzt werden die etwa 5 mm langen und 2–3 mm breiten Samen der Pflanze bzw. das daraus gepreßte Öl.

Einsatz als Liebesmittel:
Dioskurides erwähnt, daß Lein, gemischt mit Honig und Pfeffer und als Kuchen reichlich genommen, »zum Liebesgenuß reizt«.

Wirkstoffe des Aphrodisiakums:
Die Früchte der Pflanze, die Leinsamen, sind außerordentlich ölhaltig (durchschnittlich um 40 %). Das Öl besteht überwiegend aus Linolensäure sowie aus Linolsäure, Ölsäure und Palmitinsäure.

So kann es die Liebeskraft fördern:
Die angesprochene aphrodisierende Wirkung ist nur eine Annahme der volkskundlichen Erfahrungsheilkunde. Die moderne Labormedizin hat dafür (noch) keine Erklärung gefunden.

Risiken:
bei normalem Gebrauch sind keine bekannt.

Weitere Eigenschaften der Heilpflanze:
Lein, innerlich angewendet, ist ein mildes Abführmittel. Leinsamenöl wird auch äußerlich bei Ekzemen, Schuppenflechte und anderen Hautkrankheiten gebraucht.

Kulturgeschichtliche Anmerkungen:
Lein wurde in unserem Kulturkreis früher zur Flachsgewinnung in großem Maß angebaut. Die – außer seinem Einsatz als Aphrodisiakum – auch aus heutiger Sicht noch zweckmäßigen Anwendungsmöglichkeiten bei Verdauungsbeschwerden, Magenverstimmungen oder auch Erkältungskrankheiten, kannten schon die Ägypter und Griechen.
Schon Celsus nutzte Leinsamen für Breiumschläge, was auch heute noch richtig ist. Nicht mehr zweckmäßig ist die früher übliche Anwendung von Leinsamen bei Gonorrhöe oder bei schmerzhafter Periode.
Noch Mitte des vergangenen Jahrhunderts war z. B. in der Gemeinde Riedlingen Lein der Mittelpunkt eines heute ungewöhnlich aussehenden Fruchtbarkeitszaubers: Frauen ließen am Magdalenentag ihren Harn auf Feldern, damit der dort angebaute Flachs gut wachse.

Rezepte:
Leinsamen sollte zur medizinischen Anwendung, z. B. als Abführmittel nicht gekocht, sondern kalt angesetzt werden. Nach einer halben Stunde wird der schleimige Auszug möglichst warm getrunken.

Linde

Tilia
Lindengewächse (*Tiliaceae*)

liebesfördernd

Verbreitungsgebiet:
ganz Europa.

Medizinisch genutzt:
die Blütenstände.

Einsatz als Liebesmittel:
Die Linde gilt seit alters her als Symbol der Sehnsucht, der
Zärtlichkeit, der Liebe. Früher schrieb man vor allem dem
Duft der Lindenblüten eine die sexuellen Triebe anregende
Wirkung zu. Walther von der Vogelweide dichtete z. B.:
»Unter die Linden an der Heiden, da unser zweier Bette
war . . .«

Wirkstoffe des Aphrodisiakums:
Flavonglykoside sowie etwas ätherisches Öl und Gerbstoffe.

So kann es die Liebeskraft fördern:
Geruchsstoffe haben zwar großen Einfluß auf das Liebesleben, der wissenschaftliche Beweis für die von unseren Vorfahren angenommene ausgesprochen aphrodisierende Wirkung des Dufts von Lindenblüten wurde aber noch nicht gefunden.

Risiken:
keine bekannt.

Weitere Eigenschaften der Heilpflanze:
Wegen der schweißtreibenden und schleimlösenden Inhaltsstoffe ist Tee aus Lindenblüten heute eines der wichtigsten

Hausmittel bei Erkältungskrankheiten, Grippe, Katarrhe und Verschleimungen.

Kulturgeschichtliche Anmerkungen:
Der Lindenbaum war tief mit den Leben unserer Vorfahren verknüpft. Geweiht war er Frigga oder Holda, der Göttin der Liebe. Unter dem Schatten des Lindenbaums wurden Gericht und Feste abgehalten. Trauungen wurden bis ins Mittelalter hinein besonders gern unter einer Linde vollzogen.

Auch in christlichen Zeiten wurden der Linde übernatürliche Kräfte zugesprochen. Bei ihr entspringende Quellen lieferten Wasser, das als wundertätig galt. Allerdings: Wenn derartiges Wasser für Geld verkauft wird, so sagte man, verliert es seine Kraft.

Oft viele Jahrhunderte alte Linden sollen den Sagen nach mit den Schicksalen von in der Nähe liegenden Orten verbunden sein. Bekannt sind z. B. die berühmte Korbianslinde in Freising oder die Tassilolinde in Wessobrunn (Oberbayern).

Auch den Slawen galt die Linde als heiliger Baum. Die Blätter, die dem menschlichen Herzen ähnlich sehen, sind ein nationales Abzeichen.

Rezepte:
Für die Verwendung als schweißtreibendes und schleimlösendes Mittel Lindenblüten (etwa 1 Eßlöffel pro Tasse) mit $1/4$ l siedendem Wasser übergießen, 10 Minuten ziehen lassen und dann etwas gesüßt und möglichst heiß vor dem Schlafengehen trinken.

Melisse
Melissa officinalis
Lippenblüter (*Labiatae*)

liebesfördernd

Verbreitungsgebiet:
im gesamten Mittelmeerraum und im Orient heimisch. Als Kulturpflanze wird sie besonders in Osteuropa und in Spanien, z. B. im Ebrodelta, gezogen.

Medizinisch genutzt:
Blätter, die vor der Blüte gepflückt werden.

Einsatz als Liebesmittel:
Die beliebte Heilpflanze, Namensgeber für den berühmten Melissengeist, taucht vor allem deshalb immer wieder in Werken über liebesfördernde Pflanzen auf, weil sie und auch der Melissengeist für ein »frohes Gemüt« sorgen. So schreibt z. B. der ostasiatisch beeinflußte Dr. Wolfgang Bohn: »Mit ihren Gerbstoffen, Harz, Schleim- und Bitterstoffen usw. regen Melissenblätter die Unterleibsnerven schwacher und zarter Mädchen und Frauen an und dadurch beginnen sich dann schlechte Launenzustände, geistige Überarbeitung, traurige Liebeserlebnisse zu ändern und zu bessern.«
Und bei aus Melisse destilliertem Wasser, also dem heute im Handel erhältlichen Melissengeist, meint er: »daß Melissengeiste ermuntert und erfreut die schwermütigen Personen, hilft wider den Schlag.«

Wirkstoffe des Aphrodisiakums:
Melissenblätter und Melissengeist werden wegen ihrer ätherischen Öle geschätzt. In ihm haben Forscher insgesamt 120 verschiedene Terpene festgestellt.

So kann es die Liebeskraft fördern:
Die angesprochene aphrodisierende Wirkung ist nur eine

Annahme der volkskundlichen Erfahrungsheilkunde. Die moderne Labormedizin hat dafür (noch) keine Erklärung gefunden.

Risiken:
bei bestimmungsgemäßem Gebrauch sind keine bekannt.

Weitere Eigenschaften der Heilpflanze:
Vom Bundesgesundheitsamt empfohlene Einsatzgebiete sind nervös bedingte Einschlafstörungen, Appetitlosigkeit, Magen- und Darmbeschwerden.

Kulturgeschichtliche Anmerkungen:
Die Melisse gehört zu den Pflanzen, die von den Mönchen aus dem Mittelmeerraum in unseren Kulturkreis gebracht worden sind. Daran erinnert der frühere Beiname Pfaffenkraut. Bei allen Völkern, denen die Melisse als Heilmittel bekannt war, wurde sie auch aus heutiger Sicht zweckmäßig eingesetzt. Die alten Griechen nahmen sie z. B. bei Herzschmerzen. Dies ist durchaus zweckmäßig, wenn die Herzbeschwerden keine organischen, sondern nervöse Ursachen haben. Weitere Anwendungsgebiete waren nervöse Reizungen, Appetitlosigkeit, Schlaflosigkeit und Blähungen.
Vielen Völkern war außerdem bekannt, daß die wertvollen Inhaltsstoffe der Melisse besser zur Wirkung kommen und auch länger aufbewahrt werden können, wenn man sie mit Alkohol konserviert. Die Franzosen bewahrten die ätherischen Öle der Pflanze in ihrem Eau de Melisse, die Italiener in Aqua d'argento und die Deutschen hatten ihren Melissengeist.
Bei »nervösen Zuständen der Unterleibsorgane ist die Melisse das beste Frauenmittel, selbst Kopfschmerzen bei Schwangerschaften werden durch sie beeinflußt . . .« meint Dr. Bohn.
»Auch die Slowenen«, schreiben Dr. O. V. Hovorka und Dr. A. Kronfeld in ihrem Buch »Vergleichende Volksmedizin (Stuttgart 1908) »trinken Melissentee um ein frohes Ge-

müt zu bekommen«. In die gleiche Richtung weist ein viel älterer Text. Melchior Sebitz der Ältere schreibt in einem seiner berühmten sieben Bücher »von dem Feldbau und der vollkommenen Bestellung eines ordentlichen Meierhofs oder Landguts«, das 1579 in Straßburg erschien: »Das Melissenkraut macht das Herz fröhlich und die traurigen Geister von schweren melancholischen Gedanken und Phantasien frei.« Und zum Melissengeist schrieb im 18. Jahrhundert der Ostpreuße Johann Karl Gottfried Jacobsson in seinem »Technologischen Wörterbuch«: »Das Melissenwasser ermuntert und erfreut die schwermütigen Personen, hilft wider den Schlag . . .«

Rezepte:
1–2 Eßlöffel Melissenblätter werden mit 150 ml heißem Wasser übergossen und dürfen dann 10 Minuten ziehen.
Melissengeist weist eine erhebliche Alkoholkonzentration auf, weil sich sonst bestimmte Wirkstoffe nicht destillieren und außerdem viele Terpene nicht lagern lassen. Deshalb sollte er mindestens mit der doppelten Menge Wasser genommen werden.

Muskatnuß
Myristica fragans
Muskatnußgewächse (*Myristicaceae*)

liebesfördernd

Verbreitungsgebiet:
Molukken, die Inseln zwischen den Sundainseln und Neuguinea sowie als Kulturbaum auch auf Java, Penang (Malaysia), Celebes, Westindien.

Medizinisch genutzt:
der Samenkern der Früchte, die ein pfirsichähnliches Aussehen haben.

Muskatnuß

Einsatz als Liebesmittel:
Nach mittelalterlichem Aberglauben stärkte die Muskatnuß,
die bereits vor 2000 Jahren über arabische Händler von
Fernost nach Europa kam, bereits allein durch ihren Besitz
die Potenz des betreffenden Mannes. Pulverisiert und ins Essen gemischt, diente es als unfehlbares Liebeselexier. Es gab
auch recht unappetitliche Anwendungen in diesem Zusammenhang. Nach einem Rezept mußte eine Abkochung getrunken werden, die aus dem eigenen Harn und der Muskatnuß bereitet wurde.

Wirkstoffe des Aphrodisiakums:
Die Muskatnuß enthält Myristicin, Alpha- und Beta-Pinen,
Eugenol, ein sehr interessanter Wirkstoff, der zur Zeit besonders intensiv erforscht wird, weil man sich von ihm auch
eine Vorbeugung gegen den Herzinfarkt verspricht, sowie
sehr viel fettes Öl (Muskatbutter).

So kann es die Liebeskraft fördern:
Wenn man davon absieht, daß das relativ scharfe Gewürz alle Drüsen des Körpers, auch die Geschlechtsdrüsen, anregen kann, haben die Forscher bisher keine ausgesprochen aphrodisierende Wirkung festgestellt.

Risiken:
Weil sich das Myristicin der Muskatnuß im Körper zu amphetaminähnlichen Wirkstoffen umwandeln kann, kommt es bei höheren Dosierungen zu Vergiftungserscheinungen.

Weitere Eigenschaften der Heilpflanze:
Aus der Muskatbutter (auch Oleum nucistae oder Oleum myristicae expressum genannt) werden auch schmerzstillende Pflaster und Salben hergestellt.

Kulturgeschichtliche Anmerkungen:
Seit mindestens zwei Jahrtausenden holten arabische Seefahrer Muskatnüsse aus dem Fernen Osten. Über Zwischenhändler gelangte das Gewürz bereits zu Beginn der Zeitrechnung nach Europa. Das berühmte Salböl Myron der Römerinnen scheint das »Oleum nucistae« gewesen zu sein.

Rezepte:
Weil es – wie erwähnt – bei höheren Dosierungen zu Vergiftungserscheinungen kommen kann, darf die Muskatnuß, sofern sie nicht Bestandteil von äußerlich anzuwendenden Medikamenten ist, nur in ganz geringen Mengen angewendet werden.

Nußbäume

Haselnußbaum (*Corylus avellana*)
Birkengewächse (*Betulaceae*)
Walnußbaum (*Juglans regia*)
Walnußgewächse (*Juglandaceae*)

liebesfördernd

Verbreitungsgebiet:
Ganz Europa, ursprünglich besonders Südosteuropa, Süd-,
West- und Zentralasien, Nordafrika, Nordamerika aber auch
Ostasien.

Medizinisch genutzt:
Relativ selten werden noch die getrockneten Blättchen des
Walnußbaums sowie als Bräunungsmittel bei Sonnenölen die
unreifen Schalen der Walnußfrüchte verwendet.

Einsatz als Liebesmittel:
Sowohl Hasel- als auch Walnüsse sollen nach jahrhunderte-
altem Glauben die Fruchtbarkeit fördern. Nüsse essen, davon waren unsere Vorfahren überzeugt, regt zum Geschlechtsverkehr an.

Wirkstoffe des Aphrodisiakums:
Nüsse sind ein außerordentlich nahrhaftes Nahrungsmittel,
sehr fettreich. Für die Pharma- und Körperpflegeindustrie ist
das Juglon von Bedeutung, das sich sowohl in den Blättern
als auch in den Schalen unreifer Walnußfrüchte befindet.

So kann es die Liebeskraft fördern:
Eine ausgesprochen aphrodisierende Wirkung ist, wie bei
vielen der traditionellen Liebesmittel, im Labor weder bei
Walnüssen noch bei Haselnüssen festgestellt worden. Jedoch
dienen die Früchte ganz allgemein der Gesundheit und fördern damit sicher auch die Fähigkeit zu einem geglückten
Geschlechtsleben.

Risiken:
beim Genuß in üblichen Mengen sind keine bekannt.

Weitere Eigenschaften der Heilpflanze:
Die Inhaltsstoffe der Walnußblätter wirken gegen Durchfälle, auch fördern sie die Wundheilung. Da es aber für beide Einsatzgebiete inzwischen wesentlich wirkungsvollere Präparate gibt, werden sie zu diesem Zweck nur noch selten verwendet.
Äußerlich angewandt fördert das Juglon der Schalen der Walnußfrüchte und der Walnußblätter die Bräunung der Haut. Deshalb ist es oft Bestandteil von Sonnenölen.

Kulturgeschichtliche Anmerkungen:
Viele Volksbräuche im Zusammenhang mit Hasel- und Walnußbäumen haben einen Bezug zum Liebesleben. So hat man früher bei Hochzeiten das Brautpaar mit Nüssen beworfen, damit es »fruchtbar und zahlreich werde wie die Früchte dieser Bäume«. In Rom erhielten Neuvermählte Haselnüsse als Symbol der Fruchtbarkeit. Die Haselnuß galt als Bild des Frühlings und der Unsterblichkeit. Mit ihrem leicht erkennbaren Keim enthielt sie das Leben einer neuen Pflanze, zugleich stand sie aber in der vorchristlichen Zeit in Beziehung zum Totenkult. Man fand in germanischen und alemannischen Gräbern Haselnüsse und Haselstöcke.
Später kam der Aberglaube auf, daß aus einem Kreis, den man mit der Haselgerte um eine Schlange zieht, diese nicht hinauskönne. Ein am Maria-Heimsuchungstag abgeschnittener Zweig soll das Haus vor Blitz schützen. Wunder wirkt auch eine Haselgerte, die in der Walpurgisnacht abgeschnitten wird. Altem Aberglauben nach könne man sich dann weder einen Dorn noch einen Splitter zuziehen. Den Stall machen Haselstäbe, dem gleichen Aberglauben nach, vor Hexen sicher. Insbesondere soll damit die Kraft jener Lachsenerinnen genannten Hexen unwirksam gemacht werden, die der Sage nach selbst bei großen Entfernungen den Kühen die Milch abmelken.

Besondere Kraft traute man Haselnußbäumen zu, in denen eine Mispel wuchs. Sie würde angeblich einen Alraun beherbergen, der den Entdecker zu verborgenen Goldschätzen führen kann.

Die Haselnuß ist auch der Lieferant jener Gerten, denen als Wünschelrute heute noch von vielen geheimnisvolle Kräfte zugesprochen werden. Diese magische Rute kannten schon die Etrusker und die Römer. Noch heute verwendet man sie, um Wasseradern zu finden, verborgene Schätze, versunkene Personen und – aber dies ist sicher Quacksalberei – auch Krankheiten.

Eine romantische Sage im Zusammenhang mit dem Haselnußstrauch kennen die Polen. Danach soll der Haselstrauch Punkt 12 Uhr in der Heiligen Nacht sekundenlang blühen. Pflückt ein Mädchen so eine Blüte bevor sie innerhalb weniger Augenblicke wieder verschwindet, so werden alle Burschen in Liebe zu ihr vergehen und sie würde genau den Mann bekommen, den sie will.

Bei uns waren Wortbildungen im Zusammenhang mit dem Haselnußbaum manchmal auch ein Synonym für Liebesbeziehungen. »In die Haseln gehen« war z. B. eine solche Bezeichnung.

Nicht wenige Sagen und Bräuche gibt es im Zusammenhang mit Walnußbäumen. »Pan e nos Manchear da spos«, Brot und Nüsse, ein Essen für Brautleute, heißt es vielsagend im Trient. Wie bei anderen Bäumen glaubte man auch bei Walnußbäumen, daß ihr Besitzer und die nähere Umgebung eng mit deren Schicksal zusammenhängt. So hat man z. B. in Bosnien ungern in jungen Jahren einen Walnußbaum gepflanzt. Denn: Sollte dieser verdorren, würde, dem Aberglauben nach, auch das Leben des Pflanzers verdorren.

Rezepte:
Wal- und Haselnüsse werden roh gegessen oder als Backzutaten bzw. Speisezutaten verwendet.

Petersilie

Petroselinum crispum
Doldengewächse (*Umbelliferae*)

> Petersilienöl kann
> in größerer Menge
> gefährlich sein

liebesfördernd

Verbreitungsgebiet:
ursprünglich Europa, Afrika, heute über die ganze Welt verbreitet.

Medizinisch genutzt:
das Kraut, aber auch die Wurzeln und die Samen.

Einsatz als Liebesmittel:
Die Pflanze galt als Hexenkraut und auch als liebesförderndes Mittel.
Darauf verweist ein Spruch, den wir abgewandelt auch vom Pfeffer kennen: »Peterselli helpt de Mannen to Paerdt, de Frouwen onder de Aerdt . . .«
Die Gassen, in denen sich leichte Mädchen anboten, hießen früher in einigen Gegenden »Petersiliengassen«. »parsley bed« gilt im Englischen auch als Umschreibung für Liebesspiele.

Wirkstoffe des Aphrodisiakums:
In den Früchten aber auch in den Wurzeln sind ätherische Öle, vorwiegend Apiol, im Kraut auch das Flavonglykosid Apiin.

So kann es die Liebeskraft fördern:
Apiol aber auch das Flavonglykosid Apiin erregen die harnableitenden Organe.

Risiken:
Der Hauptwirkstoff Apiol erregt bei Frauen auch den Uterus. Petersilienöl kann deshalb bei Schwangeren zum Frucht-

abgang führen (und wurde deshalb früher besonders in Deutschland und Österreich zu Abtreibungen verwendet). Auch über Todesfälle wurde in diesem Zusammenhang berichtet. Außerdem reizt Petersilienöl die Nieren.

Weitere Eigenschaften der Heilpflanze:
Petersilie ist heute zugleich das verbreitetste Kraut in der Küche. Die Blätter sind besonders reich an Vitamin C, die Wurzeln wirken verdauungsfördernd und harntreibend.

Kulturgeschichtliche Anmerkungen:
Ein Hinweis auf die Wertschätzung der Pflanze in früheren Zeiten ist ihre Erwähnung in einem nach Mithridates dem Großen, König von Pontos und Bosporus (132 v. Chr. – 63 v. Chr.) genannten wundersamen Gegengift. In ganz Europa verwendet man die Pflanze, um Zauber zu bannen. So nahm bei den Ruthenen (Ukrainer) die Braut auf dem Weg zur Kirche neben Brot auch ein Petersilienbüschel mit, um die bösen Geister zu bannen. Die Slowaken legten – um den Einfluß eines bösen Zaubers fernzuhalten – der Wöchnerin Petersilie und Knoblauch auf das Leintuch. In vielen Gegenden wurde einem Kleinkind zum ersten Geburtstag Petersilie geschenkt – als Symbol dafür, daß es die »gefährlichste Zeit« überstanden hatte (in vergangenen Jahrhunderten war die Säuglingssterblichkeit ja sehr hoch).

Rezepte:
Frische Kräuter passen zu Fleisch-, Fisch- und Gemüsegerichten. Sie können bei Soßen und Suppen aller Art mitgekocht werden und geben – etwa mit Quark – einen schmackhaften Brotaufstrich ab. Auch Tee wird aus Petersilie bereitet (1 Teelöffel Kraut pro Tasse). Wegen der Nebenwirkungen wird empfohlen, nicht mehr als 1–2 Eßlöffel Petersilie pro Tag zu sich zu nehmen.

Pfeffer

Piper nigrum
Pfeffergewächse (*Piperaceae*)

liebesfördernd

Verbreitungsgebiet:
Südostasien und tropisches Amerika.

Medizinisch genutzt:
Für den sogenannten schwarzen Pfeffer werden die Früchte
der Pflanze, die etwa einen Durchmesser von 5 mm haben,
im grünen, halbreifen Zustand geerntet und getrocknet. Die
Pfefferkörner runzeln dabei und werden schwarzbraun. Für
den weißen Pfeffer werden die Früchte erst geerntet, wenn
sie vollreif, rot, sind. Sie kommen dann auf einen Haufen
und machen im Laufe von zwei bis drei Tagen einen Gä-
rungsprozeß durch. Die Fruchtschale, die beim schwarzen
Pfeffer mit dem Samen verwachsen ist, läßt sich dann entfer-
nen. Übrig bleiben grauweiße, rund 3 mm dicke Pfefferkörner, die milder schmecken als schwarzer Pfeffer.

Einsatz als Liebesmittel:
Bei vielen Völkern, auch bei uns, gilt Pfeffer seit alters her
als Liebesmittel. Darauf verweist u. a. der Spruch: »Der
Pfeffer hilft dem Mann auf's Pferd, der Frau unter die Erd.«
Der makabre zweite Teil des Satzes bezieht sich auf den ver-
muteten abtreibenden Effekt.

Wirkstoffe des Aphrodisiakums:
Piperin verursacht den scharfen Geschmack, ätherisches Öl
das Aroma.

So kann es die Liebeskraft fördern:
Man nahm an, daß mit Pfeffer stark gewürzte Mahlzeiten die
Neigung zum Geschlechtsverkehr wachsen lassen. Angeblich

werden dadurch die Geschlechtsdrüsen angeregt und die Hormonerzeugung unterstützt. Die heutige Forschung hat allerdings für so eine direkte aphrodisierende Wirkung keinen Nachweis gefunden — sieht man davon ab, daß das Küchengewürz unter Umständen die Harnwege reizen könnte und dadurch evtl. sexuelle Empfindungen hervorruft.

Risiken:
bei üblichem Gebrauch, z. B. als Küchengewürz, sind keine bekannt.

Weitere Eigenschaften der Heilpflanze:
Pfeffer wird heute fast nur als Küchengewürz und als verdauungsförderndes und appetitanregendes Mittel verwendet.

Kulturgeschichtliche Anmerkungen:
Pfeffer war eines der wertvollsten Gewürze des Mittelalters. Es wurde mehr oder weniger mit Gold aufgewogen. Gigantische Vermögen, wie z. B. jenes der bayerischen Fugger, wuchsen dank des Pfefferhandels.
Die Früchte des bis zu 5 m hohen Pfefferstrauches, von dem es etwa 700 Arten gibt, waren im Mittelalter zusammen mit Safran und dem Salz das beliebteste und nahezu unentbehrlichste Gewürz und zugleich das kostbarste. Daran erinnern viele Bräuche, bei denen Pfeffer zum Beispiel als Ehrengeschenk verwendet wurde.
Da überreichte früher der Magistrat der Stadt München demjenigen Kaufmann, der als erster zur Duld durchs Tor kam, ein Pfund Pfeffer — ein beachtlicher Wert, wenn man sie mit den Werbegeschenken vergleicht, die von der Stadt München heute abgegeben werden.
Bestimmte Abgaben wurden in ganz Mitteleuropa auf der Basis des Pfefferpreises abgerechnet. Es gab Pfefferzins, Pfeffergeld, Pfefferzoll, Pfefferlehen. In Norddeutschland erhielt z. B. der jeweilige Landesherr für die Erlaubnis, einen Falken zu fangen, ein Pfund Pfeffer und einen abgerichteten Baumfalken.

Pfeffer war das Synonym für alles Wertvolle, was z. B. auch das Lutherzitat verdeutlicht:

»Daß ich Mäusedreck auch nicht unter den Pfeffer menge«

oder das Sprichwort, das sich bei Wieland liest:

»Ich bin kein studierter Mann, aber ich lasse mir Mäusedreck nicht für Pfeffer verkaufen.«

Das Pfefferland, das Land wo der Pfeffer wächst, war unglaublich weit weg und verhieß schnellen Reichtum. »Oh, möcht im Pfefferland Hausglück sein« liest sich z. B. bei A. Grün.

Wer in Deutschland sein Vermögen mit Pfeffer machte, wurde erst anerkennend, später beleidigend als »Pfeffersack« bezeichnet. Conrad Ferdinand Meyer (1825–1898) schreibt in »Huttens letzte Tage« (Leipzig 1872):

»Am Tisch der Fugger speist ich dort und hie und schimpfe weidlich Pfeffersäcke sie.«

Pfeffersäcke nannten die Fürsten und Ritter im 15. Jahrhundert vor allem auch die Nürnberger Kaufleute, die, bevor der Weg um Afrika entdeckt wurde, mit aus Venedig importierten Gewürzen ihr Geschäft machten.

Bei Hans Sachs liest man:

»Ich will lieben Deinen Fürsten und Herrn, denn als mit Pfeffersäcken umgehen«

und bei Uhland:

»danach täte manchen nürnbergerischen Pfeffersack jagen.«

Rezepte:

Nach dem persönlichen Geschmack als Gewürz oder als Bestandteil von Medikamenten entsprechend den Anwendungsrichtlinien nehmen.

Rainfarn

Chrysanthemum vulgare
Korbblütengewächse (*Compositae*)

liebesfördernd, bei Überdosierung giftig

Verbreitungsgebiet:
Mitteleuropa.

Medizinisch genutzt:
die Blüten.

Einsatz als Liebesmittel:
Tee aus Rainfarnblüten galt als geschlechtliches Reizmittel.

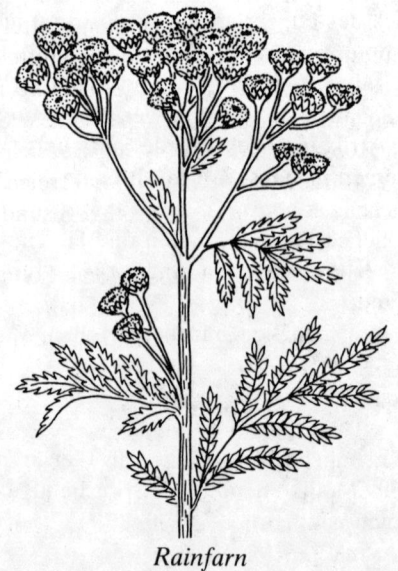

Rainfarn

Wirkstoffe des Aphrodisiakums:
Ätherische Öle wie z. B. Thujon, auf dem die giftige Wirkung des Rainfarns beruht.

So kann es die Liebeskraft fördern:
nicht genau erforscht.

Risiken:
Bei Schwangeren kann der Genuß von Rainfarntee eine Fehlgeburt auslösen. Ständiger Genuß oder zu große Mengen können lebensgefährlich sein. 15–30 g des Rainfarnblütenöls gelten als tödlich.

Weitere Eigenschaften der Heilpflanze:
Rainfarn heißt auch Wurmkraut, weil es früher – wegen des Thujongehalts – auch als Wurmmittel genommen wurde.

Kulturgeschichtliche Anmerkungen:
In Frankreich, aber auch in anderen Ländern, wurde Rainfarn früher als gefährliches Abtreibungsmittel verwendet. Zeitweise sah man in ihm auch ein Allheilmittel.
Einen sexuellen Bezug hat die österreichische Bezeichnung »Pompelblume« für Rainfarn. Pompel ist ein Synonym für das weibliche Geschlechtsorgan. Die Bezeichnung »pumperlg'sund«, in Süddeutschland und Österreich nicht unüblich, bedeutet strenggenommen »völlig gesund«, selbst an der geheimsten Stelle . . .
Ganymed, in der griechischen Mythologie Sohn des trojanischen Königs Tros und der Nymphe Kallirrhoe, der schönste der sterblichen Jünglinge, wurde der Sage nach unsterblich, weil er einen Rainfarntrank zu sich nahm. Er durfte – weil ihn Zeus mit einem Adler zum Olymp emportragen ließ – das Amt eines Mundschenks der Götter ausüben.

Rezepte:
Wegen der gesundheitlichen Risiken sind Rainfarntees aus heutiger Sicht nicht mehr empfehlenswert.

Rosmarin
Rosmarinus officinalis
Lippenblütengewächse (*Labiatae*)

liebesfördernd

Verbreitungsgebiet:
Süd- und Südosteuropa.

Medizinisch genutzt:
die Blätter.

Einsatz als Liebesmittel:
stimulierendes Mittel in Badezusätzen.

Wirkstoffe des Aphrodisiakums:
ätherisches Öl, besonders Cineol, Borneol und Rosmarin-säure.

So kann es die Liebeskraft fördern:
Besonders als Badezusatz wirkt Rosmarin anregend auf die Nerven, fördert die Durchblutung auch der Geschlechtsregion. Die Haut wird gereizt − und damit auch die Sexualorgane.

Risiken:
bei mäßigem Gebrauch sind keine bekannt. Längere Bäder in Wasser mit Rosmarinzusätzen können aber kreislaufbelastend wirken.

Weitere Eigenschaften der Heilpflanze:
Innerlich als galleförderndes und blähungstreibenes Mittel, es kann auch bei Durchfall helfen; äußerlich als Medikament gegen Rheuma. Die Monographie des Bundesgesundheitsamts empfiehlt Rosmarinbäder außerdem »zur unterstützenden Therapie bei Kreislaufbeschwerden«.

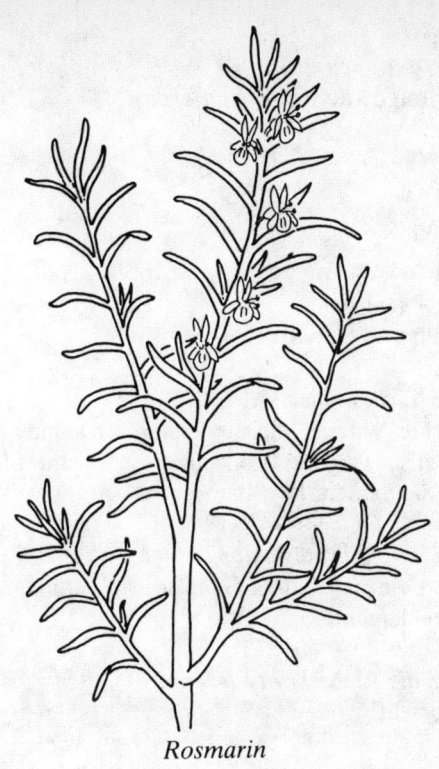

Rosmarin

Kulturgeschichtliche Anmerkungen:
Rosmarin gehörte in südosteuropäischen Staaten zu den (gefährlichen) Abtreibungsmitteln. Zugleich war sie eine der beliebtesten Topfpflanzen. Bei den Slowaken wurde keine Hochzeit ohne Rosmarin gefeiert.

Rezepte:
Für die innerliche Anwendung empfiehlt das Bundesgesundheitsamt in seiner neuesten Monographie für »Rosmarini folium« (Rosmarinblätter) eine Tagesdosis von 5 g. Für ein Vollbad werden rund 50 g Rosmarinblätter benötigt.

Rüben

Brassica rapa
Kreuzblütengewächse (*Cruciferae*)

liebesfördernd

Verbreitungsgebiet:
Europa

Medizinisch genutzt:
die Wurzeln und Samen.

Einsatz als Liebesmittel:
Die gekochte Wurzel, die aus einem schwammigen Fleisch besteht, reizt – so die Volksmedizin – zum Liebesgenuß – ebenso die Samen der Pflanze.

Wirkstoffe des Aphrodisiakums:
Rüben sind ein nahrhaftes Gemüse, sie enthalten Vitamine und Spurenelemente.

So kann es die Liebeskraft fördern:
wenig erforscht.

Risiken:
bei üblichem Genuß sind keine bekannt.

Weitere Eigenschaften der Heilpflanze:
verursacht Blähungen.

Kulturgeschichtliche Anmerkungen:
Dioskurides war der erste, der die Rübe als liebesförderndes Mittel empfahl. Den Samen verwendete man früher auch als Zusatz für Gegengifte.

Rezept:
Unzählige Rezepte gibt es, mit deren Hilfe dieses bekannte

Gemüse verfeinert werden kann. Weiße Rüben werden z. B. geschält, gewürfelt, gekocht und mit gut gewürzter Bechamelsauce gebunden.

Salbei

Salvia officinalis
Lippenblütengewächse (*Labiatae*)

liebesfördernd

Verbreitungsgebiet:
Mittelmeerraum, Mitteleuropa.

Medizinisch genutzt:
die Blätter.

Einsatz als Liebesmittel:
Besonders in Wein eingelegt soll Salbei zum Liebesgenuß reizen.

Wirkstoffe des Aphrodisiakums:
Ätherische Öle, besonders Thujon, Kampfer, Borneol, sowie Gerbstoffe.

So kann es die Liebeskraft fördern:
Die angesprochene aphrodisierende Wirkung ist nur eine Annahme der volkskundlichen Erfahrungsheilkunde. Die moderne Labormedizin hat dafür (noch) keine Erklärung gefunden.

Risiken:
Sehr hohe Dosierungen, über längere Zeit gegeben, können gefährlich werden!

Weitere Eigenschaften der Heilpflanze:
Die Inhaltsstoffe des Salbeis reduzieren die Tätigkeit der

Schweißdrüsen. Das ätherische Öl wirkt gegen Pilze und Bakterien. Bei größeren Mengen – etwa ab der 200fachen Dosis – können Vergiftungserscheinungen auftreten.

Kulturgeschichtliche Anmerkungen:
Hippokrates (460–377 v. Chr.) empfahl Salbei bereits Lungenschwindsüchtigen, ein Anwendungsbereich, der auch heute noch richtig ist. Salbei galt auch noch in weiterer Hinsicht als Liebesmittel: »Um die Liebe zu einer Person zu erwecken« wird in einem Spruch aus dem Pommerland empfohlen: »Nimm drei Salbeiblätter und schreibe auf das erste: Adam und Eva, auf das andere Jesu Maria, auf das dritte deinen und ihren Namen. Brenne diese Blätter zu Pulver und bringe dies der Person beim Essen oder Trinken bei.«
Auch konnte man die eigenen Haare und jene der Angebeteten durch ein Salbeiblatt ziehen und dieses unter der Türschwelle der Verehrten vergraben.

Rezepte:
Tee für innerliche Anwendung bei Magen- und Darmbeschwerden: Nicht mehr als 1 Teelöffel Salbei (etwa 2 g) mit heißem Wasser überbrühen und mehrmals täglich trinken. Zum Gurgeln und zur Behandlung des Nachtschweißes 1 Eßlöffel Salbei nehmen (etwa 5 g). Bei Nachtschweiß muß der Tee 2 Stunden vor dem Schlafengehen getrunken werden. Von reinem Salbeisaft etwa 20 Tropfen in ein Glas Wasser zum Gurgeln geben. Nach einem alten Hausmittel kann man etwas Honig dazugeben.

Schierling

Conium maculatum
Doldengewächse (*Umbelliferae*)

liebesdämpfend
Vorsicht, giftig!

Verbreitungsgebiet:
Europa, Asien, Nordamerika

Medizinisch genutzt:
Früchte, Blätter

Einsatz als Liebesmittel:
Dr. O. v. Hovorka und Dr. A. Kronfeld berichten in ihrem
Werk »Vergleichende Volksmedizin« (Stuttgart 1908): »Das
Kraut und die Dolde, fein gestoßen, als Umschlag um die
Hoden gelegt, helfen gegen Samenerguß, auch lassen sie als

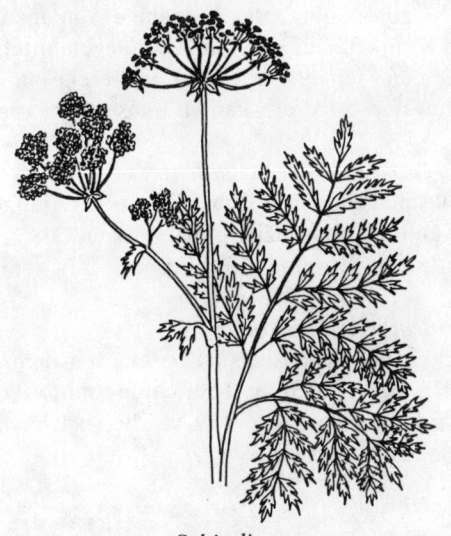

Schierling

Umschlag die Geschlechtsteile erschlaffen. Sie vertreiben ferner die Milch und verhindern ein Größerwerden der jungfräulichen Brüste . . .«.

Wirkstoffe des Krautes:
Piperin-Alkaloide Coniin u. a. sowohl in den Früchten als auch im Kraut und in den Wurzeln.

So kann es die Liebeskraft beeinflussen:
wenig erforscht.

Risiken:
Die Inhaltsstoffe wirken ähnlich wie Kurare und führen ab einer gewissen Dosis (etwa $1/2 - 1$ g) zum Tod. Ißt jemand versehentlich Teile der Schierlingspflanze, was immer noch gelegentlich vorkommt (vor einigen Jahren aß eine deutsche Schulklasse Wurzeln des Krauts), müßte als Erste-Hilfe-Maßnahme verhindert werden, daß das Gift vom Körper resorbiert wird. Dies kann geschehen durch: künstliches Erbrechen, Magenspülung, die Einnahme von medizinischer Kohle. Im Krankenhaus gibt der Arzt Gegenmittel (so wirkt u. U. in kleinen Mengen Strychnin). Ist bereits ein Atemstillstand eingetreten, wird der Patient künstlich beatmet.

Weitere Eigenschaften der Heilpflanze:
In der Volksmedizin wurde Schierling früher vielfach äußerlich angewandt. So produzierte man Augenwässer oder Salben gegen Geschwüre und Gürtelrose.

Kulturgeschichtliche Anmerkungen:
Die Giftigkeit des Schierlings ist bereits seit dem Altertum bekannt. Er wurde auch als Hinrichtungsmittel verwendet. So starb Sokrates im Jahre 399 v. Chr., nachdem er den Schierlingsbecher austrank.

Seerose

Nymphaea
Seerosengewächse (*Nymphaeaceae*)

liebesfördernd, liebesdämpfend

Verbreitungsgebiet:
Europa, Asien.

Medizinisch genutzt:
die Samen.

Einsatz als Liebesmittel:
Den Samen, insbesondere denen der weißen Seerose (*Nymphaea alba*), wurden liebesfördernde Kräfte zugeschrieben. Die Blüten galten dagegen als ein Zaubermittel, das die Liebe »vernichtet«.

Wirkstoffe des Aphrodisiakums:
besonders der Wurzelstock enthält viele Gerbstoffe.

So kann es die Liebeskraft beeinflussen:
Die angesprochene aphrodisierende Wirkung ist nur eine Annahme der volkskundlichen Erfahrungsheilkunde. Die

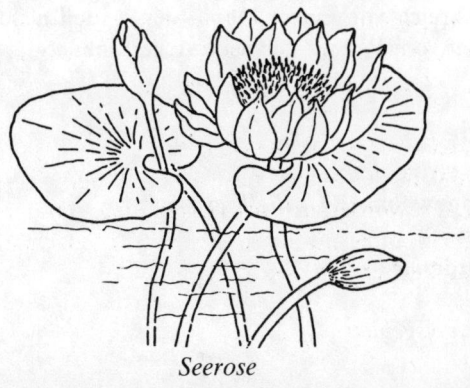

Seerose

moderne Labormedizin hat dafür (noch) keine Erklärung gefunden.

Risiken:
Der Genuß ist heute nicht mehr zu empfehlen.

Weitere Eigenschaften der Heilpflanze:
Die fleischigen Wurzeln können gegessen werden, aus den
Samen hat man früher auch Brot gebacken.

Kulturgeschichtliche Anmerkungen:
In unserem Kulturkreis gehört die Seerose oder die Nixen-
blume zu den Zauberpflanzen. Ähnliche Vorstellungen finden sich in den Sagen fast aller Völker. In Ägypten waren
Seerosen der Isis und dem Osiris geweiht und galten als Symbol des Überflusses. Sie erschienen und verschwanden mit
dem Steigen und Fallen des Nils. Doch die Wurzeln hatten
die Kraft, im Boden bis zur nächsten Überschwemmung zu
überdauern.
In unserem Kulturkreis werden die Seerosen von Wassergei-
stern beherrscht. Altem Aberglauben nach sollte man deshalb die weißen Blüten nicht pflücken, verschenken oder mit
nach Hause nehmen, da an ihnen der Geruch von Tod und
Untergang hängt. In gewissen Dosen nutzte man Inhaltsstoffe der Seerosen auch als Antiaphrodisiaka. Deshalb sagt man
in Frankreich von einem Mann, der sexuell nicht aktiv ist:
»Der hat vom Wasser der Seerose getrunken.«

Sellerie
Apium graveolens
Doldengewächse (*Umbelliferae*)

liebesfördernd

Verbreitungsgebiet:
weltweit.

116

Medizinisch genutzt:
die Wurzel.

Einsatz als Liebesmittel:
Besonders in unserem Kulturkreis galt Sellerie früher als starkes Aphrodisiakum. In einem Arzneibuch aus dem 15. Jahrhundert wird eine heute sicher nicht mehr zweckmäßige und äußerliche Anwendung empfohlen: »Damit dich deine Frau ein für allemal lieb hat, nimm Rettichsaft mit Honig gemischt und temperiert und schmier den Penis und die Hoden damit ein, so machst du es so wohl, daß sie keine Sehnsucht nach einem anderen außer nach dir hat . . .«. Unzählige Reime erinnern bei vielen Völkern an die Bedeutung des Sellerie als Aphrodisiakum. Ein Lied lautet z. B.:
> »Schatzl, back mir Eier
> mit Sellerie und Salat
> am Sonntag gehen wir meien
> meine Mutter hats gesagt.«

Wirkstoffe des Aphrodisiakums:
Die Wurzeln enthalten wenig ätherisches Öl (nur 0,01 %). Hauptverbindungen sind p-Cynol.

So kann es die Liebeskraft fördern:
Die aphrodisierende Wirkung ist nur eine Annahme der volkskundlichen Erfahrungsheilkunde. Die moderne Labormedizin hat dafür (noch) keine Erklärung gefunden.

Risiken:
bei üblichem Gebrauch sind keine bekannt.

Weitere Eigenschaften der Heilpflanze:
Aus dem ätherischen Öl, das aus Selleriewurzeln gewonnen wird, können Medikamente gegen Magen- und Darmbeschwerden gewonnen werden. Sellerie ist als Nahrungsmittel sehr gesund. Es enthält Eisen, Magnesium, Kalzium, Phosphor und Schwefel.

Kulturgeschichtliche Anmerkungen:
Bei den Griechen galt Sellerie auch als Glückspflanze. Sie wurde neben Knoblauch und Zwiebel im Zimmer aufgehängt.

Rezepte:
Sellerie ist ein beliebtes Gemüse. Besonders gern wird es z. B. als Salat genossen. Aus den ätherischen Ölen hergestellte Medikamente müssen nach den ärztlichen Bestimmungen eingenommen werden.

Spargel
Asparagus
Liliengewächse (*Liliaceae*)

liebesfördernd

Verbreitungsgebiet:
Ursprünglich Europa und Westasien. Er wächst jedoch auch in vielen anderen Gebieten mit geeignetem Boden. Deshalb wird bei uns z. B. jetzt auch Spargel aus Südafrika angeboten.

Einsatz als Liebesmittel:
Im Prager Kräuterbuch von P. A. Mattheolos heißt es: »Spargel in der Speis genossen, bringt lustig Begierde den Männern . . .«.

Wirkstoffe des Aphrodisiakums:
Vitamine und Mineralstoffe.

So kann es die Liebeskraft fördern:
Die angesprochene aphrodisierende Wirkung ist nur eine Annahme der volkskundlichen Erfahrungsmedizin. Eine Rolle dabei spielte vielleicht ein wenig auch die Form der Spargeltriebe, die den männlichen Fortpflanzungsorganen

nicht unähnlich ist. Jedoch dient dieses Gemüse ganz allgemein der Gesundheit und fördert damit auch die Fähigkeit zu einem glücklichen Geschlechtsleben.

Risiken:
keine bekannt.

Weitere Eigenschaften der Heilpflanze:
Die Volksmedizin schrieb dem Spargel noch eine Anzahl weiterer gesundheitsfördernder Eigenschaften zu. So ist allgemein bekannt, daß er stark harntreibend wirkt. Deshalb setzt man ihn bei Blasen- und Nierensteinen ein.

Kulturgeschichtliche Anmerkungen:
Spargel gehörte früher zu den teuersten Delikatessen. Er wurde bereits von den Römern nach Deutschland gebracht. Sein Anbau geriet jedoch in Vergessenheit. Erst im 15. Jahrhundert kam die Pflanze als »Luxusgemüse« wieder zurück.

Rezepte:
Spargel wird geschält, gebündelt und in Salzwasser nicht zu weich gekocht. Sein schnelles Garwerden war im alten Rom sprichwörtlich.

Stechapfel
Datura stramonium
Nachtschattengewächse (*Solanaceae*)

magisches Liebesmittel
Vorsicht, giftig!

Verbreitungsgebiet:
alle gemäßigten und warmen Klimazonen.

Medizinisch genutzt:
Blätter, Blüten und vor allem die Früchte enthalten hochgif-

tige Alkaloide. Schon die antiken Ärzte warnten immer wieder vor dem Genuß der Pflanze. Theophrast erklärte z. B.: »Jeder der eine einzige Unze der Früchte im Körper habe, wird sich fühlen als der Teufel in seinem Leib wäre.« Immer wieder sind auch Todesfälle beschrieben.

Stechapfel

Einsatz als Liebesmittel:
Das Gift des Stechapfels wurde meist auf verbrecherische Weise genutzt, jemanden zu sexuellen Beziehungen zu zwingen. Deshalb hat die Pflanze zeitweise auch den Namen »Liebeszwinger«. Sie galt, wie ein Autor aus dem vergangenen Jahrhundert feststellte, als ein Mittel der Hurenwirte, schlimmer Mädchenverführer, entarteter Buhlerinnen und frischer Wollüstlinge.

Wirkstoffe des Aphrodisiakums:
Reizstoffe, Scopolamin und Hyoscyamen.

So kann es die Liebeskraft beeinflussen:
Die lebensgefährlichen Inhaltsstoffe beeinflussen das zentrale Nervensystem.

Risiken:
Scopolamin und Hyoscyamen beeinträchtigen die Tätigkeit der Drüsen, des Magendarmkanals, lassen den Muskel von Galle und Harnblase sowie des Uterus erschlaffen. Hyoscyamin erregt die Großhirnrinde, Scopolamin wirkt dämpfend und führt bei größeren Dosen zum Dämmerschlaf, egal ob Stechapfelwurzel, Samen, Früchte, Blüten oder Blätter: Die in ihnen enthaltenen Alkaloide können auch tödlich wirken.

Weitere Eigenschaften der Heilpflanze:
Getrocknete Blätter wurden bei Asthmakranken als Räuchermittel angewandt.

Kulturgeschichtliche Anmerkungen:
Viele Völker der Erde nutzten den Stechapfel als Rauschmittel. Die erotisierende Wirkung des Stechapfels kannten nicht nur die Bordellwirte und die Inhaber der Badestuben, die oft dem gleichen Zweck dienten. Auch die Mariposa-Indianerinnen aus Kalifornien gingen das gefährliche Risiko ein, sich damit sexuell zu stimulieren, ebenso Stämme in Peru und vor allem die Völker im Orient.
In Mexiko und in Südamerika nutzte man das Gift der Pflanze bei heiligen Pubertätsriten. Die Priester des Sonnentempels in der Stadt Sagumoza, dem peruanischen Orakelsitz, kauten die Körner des Stechapfels um sich inspirieren zu lassen. Ebenso vermutlich die Apollopriester in Delphi in Griechenland.
In unserem Kulturkreis gelangte der Stechapfel als Bestandteil der sogenannten Hexensalbe zur grausamen Berühmtheit. Zusammen mit der Tollkirsche und evtl. noch der Alraune verursachte die Mixtur Halluzinationen und Phantasien von Fressen, Saufen, Musik, Tanzen, sexuellen Exzessen. Ja, die Bedauernswerten waren sogar der Meinung, sie wären geflogen, daher auch der Name »Flugsalbe«.
In Indien wird der Stechapfelsamen heute noch zu Verbrechen benutzt, z. B. um Reisende zu betäuben und auszurau-

ben. Viehhändler wissen, daß auch das klapprigste Pferd den Eindruck eines feurigen Vollblüters erweckt, wenn ihm Stechapfelblätter in den Mastdarm gesteckt werden.

Über die Vergiftungssymptome berichten Frohne und Pfänder in ihrem Handbuch »Giftpflanzen«: Nach dem Genuß von Stechapfelsamen kommt es zur Rötung des Gesichts, Pulsbeschleunigung, Pupillenerweiterung, Unruhe, Rededrang, Weinkrämpfen, Halluzinationen, Tobsuchtsanfällen. Ohne ärztliche Hilfe kann der Patient ins Koma fallen und durch Atemlähmung sterben.

Hat jemand versehentlich Stechapfelfrüchte oder Blätter gegessen, sollte er so schnell wie möglich ins Krankenhaus. Bis er dort ist, sollte Erbrechen provoziert werden. Der Arzt wird dann eine Magenspülung vornehmen und durch physikalische Maßnahmen versuchen, das Fieber zu senken (z. B. durch nasse Tücher) und evtl. Medikamente einsetzen.

In schweren Fällen wird man sich darauf vorbereiten, den Patienten notfalls künstlich zu beatmen. Auch in leichteren Fällen müssen die Vergifteten längere Zeit beobachtet werden, damit sie sich nicht plötzlich bei aufkommenden Halluzinationen selbst schaden.

Frohne und Pfänder schildern das Schicksal von zwei 15jährigen Knaben, die nackt im Fieberwahn über die Felder wanderten und von der Polizei aufgegriffen wurden. Sie hatten 5–6 Blüten des Stechapfels gegessen.

Stechwinde
Smilax
Liliengewächse (*Liliaceae*)

liebesfördernd

Verbreitungsgebiet:
Tropen, Südeuropa.

Medizinisch genutzt:
der Wurzelstock.

Einsatz als Liebesmittel:
Malayen kauen die Wurzeln verschiedener Arten (*Smilax myosotifolia, Smilax calophylla*) als liebesanregendes Mittel. Die erste Art, die dort »itah besi« heißt, gilt als wirkungsvoller, die zweite Art »itah tembaga«, wird zur Wirkungssteigerung mit Betel genommen (besonders in Perak).
Als Kräftigungsmittel wurde das Wurzelholz der Pflanze, die bei uns u. a. Sassafras heißt, auch bei uns geschätzt. Barthold Hinrich Brockes (1680–1747), der u. a. ein Werk mit dem Titel »Irdische Vergnügen in Gott, bestehend in physikalisch- und moralischen Gedichten« verfaßte, dichtete zum Beispiel:
> »Sassafras kann nach viel Jahren,
> diese Kräfte noch bewahren,
> daß, wenn man ihn gleich nicht rührt,
> man ihn doch von Ferne spürt.«

Wirkstoffe des Aphrodisiakums:
Die Wurzeln sind außerordentlich saponinreich.

So kann es die Liebeskraft fördern:
Die Inhaltsstoffe haben eine allgemein kräftigende Wirkung.

Risiken:
bei bestimmungsgemäßem Gebrauch der heute aus der Heilpflanze hergestellten Medikamente sind keine bekannt.

Weitere Eigenschaften der Heilpflanze:
Nach neuesten Forschungen wirken die Inhaltsstoffe verschiedener Stechwindenarten gegen Viren, Bakterien und krankmachende Pilze, besonders gegen Hautpilze.

Kulturgeschichtliche Anmerkungen:
Obwohl eine Stechwindenart auch in Südeuropa vorkommt, die rauhe Stechwinde (*Smilax aspera*), wurde schon früh bei uns die asiatische Art sehr geschätzt – allerdings weniger als Potenzmittel. Man importierte die China-Stechwinde (*Smilax china*) als »Pockenwurzel«. Die Malayen essen Früchte und Blätter auch zur Heilung von Geschlechtskrankheiten.
Zum gleichen Zweck wurde bei uns das sogenannte »Zittmannsche Dekokt« genommen, bei dem die Wurzel der Stechwinde zusammen mit Zucker, Alaun, Kalomel, Zinnober, Fenchel, Anis, Sennesblättern und Süßholz abgekocht wurde. Die Stechwinde, die auch Sarsaparille oder Sassaparille genannt wurde, taucht mit der gleichen Indikation auch in der »Pharmacopoea germanica«, 2. Ausgabe, auf. Das »Decoctum Sarsaparillae compositum« besteht aus mehr Zucker, Alaun, Anis, Fenchel, Sennesblättern und Süßholz, eine mildere Art des Absuds aus Zitronenschale, Zimt, Kardamom, Süßholz und Stechwindenwurzel.
Zur Heilung von Geschlechtskrankheiten ist das Präparat aus heutiger Sicht ungeeignet. Für die weiteren Einsatzgebiete dieser Wurzel, als harn- und schweißtreibendes Mittel, fanden die Apotheker heute eine pharmakologische Begründung.

Rezepte:
Medikamente, die die Inhaltsstoffe der Stechwinde enthalten, nach den Bestimmungen einnehmen.

Waldmeister
Galium odoratum
Rötegewächse (*Rubiaceae*)

liebesfördernd

Verbreitungsgebiet:
Europa und Nordamerika.

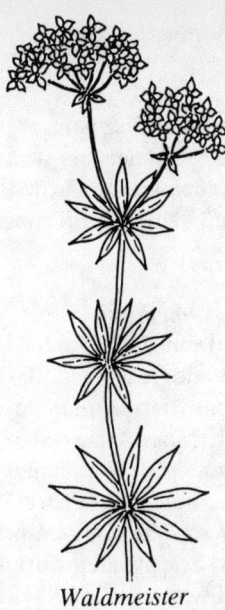

Waldmeister

Medizinisch genutzt:
das Kraut.

Einsatz als Liebesmittel:
Unsere Vorfahren reihten den Waldmeister unter die liebesfördernden Mittel ein.

Wirkstoffe des Aphrodisiakums:
Waldmeister enthält vor allem Cumarin, außerdem Bitter-
und Gerbstoffe.

So kann es die Liebeskraft fördern:
Unsere Vorfahren schrieben den Inhaltsstoffen des Waldmeisters eine allgemein stärkende Wirkung zu.

Risiken:
Der Inhaltsstoff Cumarin, der erst beim Welken freigesetzt
wird, verursacht in größeren Gaben Schwindel und Kopf-

schmerzen. Bei Schwangeren könnten Fehlgeburten verursacht werden.

Weitere Eigenschaften der Heilpflanze:
Die Inhaltsstoffe des Waldmeisters wirken allgemein gefäßerweiternd (deshalb auch die mögliche liebesfördernde Wirkung), krampflösend, beruhigend aber auch harn- und schweißtreibend.

Kulturgeschichtliche Anmerkungen:
Unzählige Sagen sind mit dem Waldmeister verbunden, der übrigens im 15. Jahrhundert – bevor das Reinheitsgebot aufkam – als Zusatz zum Bier genommen wurde. Man nannte ihn auch Meierkraut, Megerkraut, Stern- oder Leberkraut, Herzensfreude, Waldmeier, Waldmännlein usw. Es gibt einen originellen Sprachforscher (Prock-Mayr). Er leitet das Wort Waldmeister vom Wal ab, womit früher ein »auf den Unterleib bezogener hysterischer Zustand der Frauen und Jungfrauen« gemeint war.
Walgöttinnen hätten – der Sage nach – Krankheiten auf die Erde geschickt, die besonders Frauen trafen, die sich beim Essen nicht zurückhielten. Die himmlischen Walgöttinnen bedauerten schließlich die Kranken und schufen den Waldmeister, der die Beschwerden schnell heilte.
Populär ist der Waldmeister bei uns weniger als Arzneimittel, sondern wegen des Maiweins, der mit seiner Hilfe angesetzt wurde. Fast ein halbes Jahrtausend wird die Pflanze schon dafür verwendet.
Im Kräuterbuch von Otto Brunfels (1488–1534) heißt es dazu: »Die unseren brauchen dieses Kraut allermeistens im Mai in Wein gelegt und darüber getrunken soll das Herz erfreuen und der versehrten Leber wieder aufhelfen.« Die Maibowlenrezepte kamen bereits in den ersten Jahrzehnten des 19. Jahrhunderts auf. Damals entstanden unzählige Verse wie dieser z. B.: »Deutscher Waldmeister, du Kraut des Mai, zum Maitrank gieß ich Wein auf, daß deinen Durst befreien des Weines Geister« oder »Schütte den perlenden

Wein auf das Waldmeisterlein« und Josef Viktor von Scheffel (1826–1886) dichtete in seinen 1868 erschienenen Liedern »aus dem engeren und weiteren Gaudiamus«: »Und oft scholl Beifall unserer schlichten Art, als läg in diesem Maiweine-Nippekreise, Waldmeisters Wunderhorn als Schatz verwahrt.«

Rezepte:
Als Medikament wird Waldmeister als Teeaufguß bereitet. Beachten Sie aber bitte, daß größere Mengen Schwindel und Kopfweh verursachen können. Das gleiche gilt für eine Waldmeisterbowle. Nehmen Sie dafür zwei Waldmeisterstengel samt Blätter und gießen einen Liter Weißwein darüber. Nach 1–2 Stunden werden die Pflanzen entfernt, der Wein mit einer Flasche Sekt aufgegossen und eiskalt serviert. Das Waldmeisteraroma können Sie auch alkoholfrei genießen, indem Sie statt Wein oder Sekt Apfel- oder Traubensaft nehmen.

Weide
Salix
Weidengewächse (*Salicaceae*)

liebesdämpfend

Verbreitungsgebiet:
Europa, Amerika, Asien.

Medizinisch genutzt:
heute nur noch die Rinde.

Einsatz als Liebesmittel:
Die Weide spielte früher in der Volksmedizin nicht als liebesförderndes, sondern als liebesdämpfendes Mittel eine Rolle. Angewandt wurden Extrakte daraus, wenn man der Meinung war, der Geschlechtstrieb von Männern und

Frauen wäre krankhaft gesteigert (Satyriasis und Nymphomanie).

Wirkstoffe des Aphrodisiakums:
die Rinde enthält Salicylsäure.

So kann es die Liebeskraft beeinflussen:
Die Forschung fand bisher noch keinen Hinweis darauf, daß Wirkstoffe der Weide das Liebesleben von Männern oder Frauen in irgendeiner Form dämpfen würden.

Risiken:
heute bei zweckmäßigem Gebrauch sind keine bekannt.

Weitere Eigenschaften der Heilpflanze:
Für die Volksmedizin waren Extrakte der Weidenrinde nahezu ein Allheilmittel. Man setzte es bei allen denkbaren Beschwerden ein. Von den vielen Anwendungen blieb nur eine einzige erhalten. Inhaltsstoffe der Weidenrinde sind heute Bestandteil verschiedener Rheumamedikamente.

Kulturgeschichtliche Anwendungen:
Weidenbäume spielten — wie auch Nußbäume im Aberglauben unseres Kulturkreises — eine außerordentlich große Rolle. So sollten auch Weiden in der Lage sein, den Blitzstrahl vom Haus abzuhalten. Die Palmkätzchen wurden in der Kirche geweiht, zu Hause hinter ein heiliges Bild oder hinter einen Spiegel gesteckt. Die Kätzchen symbolisierten Gesundheit, Wohlbehagen, Lebensfreude und bezogen auf das Eheleben Treue. In England gilt der Baum allerdings als Symbol unglücklicher Liebe.
Die Weide steht auch im Mittelpunkt vieler magischer Handlungen. In der Tschechoslowakei sollte dem Aberglauben nach ein Fieberkranker abends zu einer alten Weide gehen, dort solange bleiben bis der Anfall vorbei ist. Danach sollte er etwas von sich, ein Haar, ein Kleidungsstück, an den Baum binden und schnell nach Hause laufen. Man war über-

zeugt, daß die Krankheit dann an der Weide bliebe. Eine vergleichbare Methode wurde in Österreich praktiziert. Es mußte der Patient gleich 72mal um den Weidenstamm laufen und dabei jedesmal sagen: »Wind dich Weidl wind dich, Fieber sand 72, des Fieber des i han, des häng i dran«.

In Bayern verbrannte man die Palmkätzchen und nahm die Asche davon als Medikament gegen Kopfschmerzen. Das liebesdämpfende Mittel wurde aus dem Samen der Weidenblüten gewonnen.

Rezepte:
Als sinnvolle Anwendung gilt heute lediglich der Genuß des Tees, den der Arzt bei Rheuma verschreibt und der Inhaltsstoffe der Weidenrinde enthält. Er soll nach den jeweiligen individuellen Vorschriften des Arztes eingenommen werden.

Weizen
Triticum aestivum
Süßgräser (*Gramineae*)

liebesfördernd

Verbreitungsgebiet:
In Mitteleuropa und Nordeuropa bis Skandinavien und Schottland, ferner in allen anderen Erdteilen mit vergleichbarem Klima.

Medizinisch genutzt:
Die Keime der Weizenkörner werden ausgepreßt. Das daraus gewonnene Öl ist ein wichtiges Diätmittel und wird auch zur Vorbeugung gegen die gefürchtete Arteriosklerose (Verdickung der Schlagaderwände mit Elastitätsverlust und entzündlichen Veränderungen) genommen. Ferner ist Weizenkeimöl auch das Ausgangsmaterial für die Gewinnung von Vitamin E. (Weizenkeimöl enthält zwischen 0,3−0,5 % Vit-

amin E). Untersuchungen ergaben übrigens, daß pharmazeutisch gewonnenes Vitamin E, das etwa in Kapseln angeboten wird, in der Wirkung dem Weizenkeimöl in keiner Weise nachsteht (im Gegenteil, wegen der stets gleichmäßigen Wirkstoffkonzentration läßt es sich viel besser dosieren).

Einsatz als Liebesmittel:

Das Nebenprodukt unseres wichtigen Getreides, Vitamin E, das im Öl von Weizenkeimen enthalten ist, kann die Fähigkeit zum Beischlaf, die »Potentia coeundi«, günstig beeinflussen: Die alten Kräuterbücher wissen im allgemeinen nichts davon. Dafür ist in diesem Fall durch modernste Laboruntersuchungen die Wirkung wissenschaftlich exakter nachgewiesen als bei vielen anderen liebesfördernden Mitteln pflanzlicher Herkunft.

Vitamin E, das in der Natur besonders in Weizenkeimen, aber auch im Eidotter vorkommt, beeinflußt über die Hirnanhangdrüse den gesamten Hormonhaushalt des Mannes. Auch den der Geschlechtshormone. Bestimmte Formen der Potenzschwäche verschwinden deshalb, wenn Vitamin E gegeben wird.

Auch das Allgemeinbefinden und die durch die Impotenz verursachte depressive Stimmungslage verschwindet.

Doch nicht nur die Möglichkeit zur Liebe, auch die Zeugungsfähigkeit bessert sich. Wissenschaftler haben herausgefunden, daß sich unter dem Einfluß von Vitamin E die Zahl der Samenfäden pro Ejakulation wesentlich erhöht.

Auf einer wissenschaftlichen Tagung in München berichtete z. B. der angesehene Marburger Professor Dr. H. Kaffarnik von einer entsprechenden Beobachtung in seinem persönlichen Bekanntenkreis: Zehn Jahre war bei zwei Ehepaaren der Kinderwunsch unerfüllt geblieben. Dann schluckten beide Männer − inzwischen jeweils um die 40 Jahre alt, Vitamin E. Im nächsten Jahr hatte jedes Ehepaar jeweils ein gesundes Kind.

Das Paar hatte übrigens nicht Weizenkeime geschluckt, um

auf die in ihrem Fall notwendige Vitamin-E-Dosis zu kommen, sondern eine synthetische Form dieses Inhaltsstoffs, wie sie z. B. in Optovit E auf dem Markt ist. Wissenschaftliche Untersuchungen haben ergeben, daß künstlich hergestelltes Vitamin E ebenso wirksam ist wie das natürliche.

Als Anwendungsgebiete für ein verbreitetes Vitamin-E-Präparat wurde vom Bundesgesundheitsamt neben Funktionsstörungen bei Erkrankungen der Herz- und Kreislaufgefäße und bei Arterienverkalkung (Arteriosklerose, schutzaufbauend und vorbeugend) rheumatische Beschwerden usw. auch zugelassen: »zur Anregung der Keimdrüsentätigkeit von Mann und Frau, bei Fruchtbarkeitsstörungen und Störungen der männlichen Fortpflanzungstätigkeit«.

Wirkstoffe des Aphrodisiakums:
Neben Vitamin E auch Linolsäure, Ölsäure sowie Linolensäure und Phosphatide.

So kann es die Liebeskraft fördern:
In verschiedensten Versuchen wurde nachgewiesen, daß Vitamin E die Bildung der wichtigen Gonadotropine, der gonadotropen Hormone beeinflußt, die im Vorderlappen der Hirnanhangdrüse sowie in der Plazenta gebildet werden und das Wachstum und die Funktion der männlichen und der weiblichen Keimdrüsen fördern. Bei Vitamin-E-Mangel, berichtet Professor Dr. W. Nikolowski im Buch »Vitamin E«, ist die Gonadotropinbildung verringert und: »Unter Vitamin-E-Zufuhr kann es zu einer Steigerung der Gonadotropinproduktion kommen.« Ferner wird die Fruchtbarkeit günstig beeinflußt.

Risiken:
bei bestimmungsgemäßer Anwendung sind keine bekannt.

Weitere Eigenschaften der Heilpflanze:
Professor Nikolowski gibt als weitere Anwendungsgebiete im Bereich der Männerheilkunde und der Dermatologie für das in den Weizenkeimen enthaltene Vitamin E an: Kraurose

(bei Männern Schrumpfung der Eichel, bei Frauen Schrumpfung der Schamlippen), Induratio penis plastica (Verhärtungen zwischen dem Schwellkörper der Haut und des Penis, im fortgeschrittenem Stadium kann sich der Penis während der Versteifung biegen. Der Geschlechtsverkehr ist schmerzhaft, u. U. auch unmöglich), Akrodermatitis (entzündliche Erkrankungen an Körperenden, wie Finger- und Zehenendglieder, Nase usw.), Sklerodermie (chronische Erkrankung unbekannter Ursache mit vermehrter Bindegewebsbildung und Gefäßveränderungen in der Haut, in den Gelenken sowie in inneren Organen), durch Pilze übertragbare Hautkrankheiten, verschiedene Hautmanifestationen (Morbus Boeck), Akne (entzündliche Erkrankung der Hauttalgdrüsen).

Kulturgeschichtliche Anmerkungen:
Vorformen des Weizens kamen ursprünglich aus Mesopotamien und Persien in unser Land und wurden dann kultiviert. In China wurde schon vor über 3000 Jahren Weizen angebaut.

Rezepte:
Vitamin-E-haltiges Weizenkeimöl kann als Speiseöl in der Küche verwendet werden.
Wird Vitamin E in Form von Kapseln genommen, so gelten, sofern es der Arzt nicht anders verordnet, täglich 2–3 Kapseln mit jeweils 200 mg Vitamin E als eine günstige Dosierung. Professor Nikolowski schreibt:»Die bisherigen Erfahrungen in Klinik und Praxis sprechen jedenfalls dafür, daß Vitamin E auch in Zukunft bei manchen der einzeln genannten Indikationen mit Aussicht auf Erfolg angewandt werden kann, soll und wird, und zwar um so eher mit positivem Resultat, je mehr, abgesehen von exakter diagnostischer Eingruppierung, adäquat, d. h., im allgemeinen relativ hoch und langzeitig dosiert, auf eine regelmäßige Medikation geachtet und überlegt kombiniert wird.« Der Professor meint also, daß ein Erfolg nicht schnell, sondern erst nach längerer Einnahme zu erwarten ist.

Vanille
Vanilla planifolia
Orchideengewächse (*Orchidaceae*)

liebesfördernd

Verbreitungsgebiet:
Die Orchidee kommt ursprünglich aus Mexico, wird aber heute in fast allen tropischen Gebieten der Erde kultiviert.

Medizinisch genutzt:
Der Einsatz als Gewürz und geschmacksverbessernde Zutat überwiegt.

Einsatz als Liebesmittel:
zur Steigerung der Liebeskraft bei jungen Männern. Es werden die rohen Vanillestangen verwendet. Bei einer Überdo-

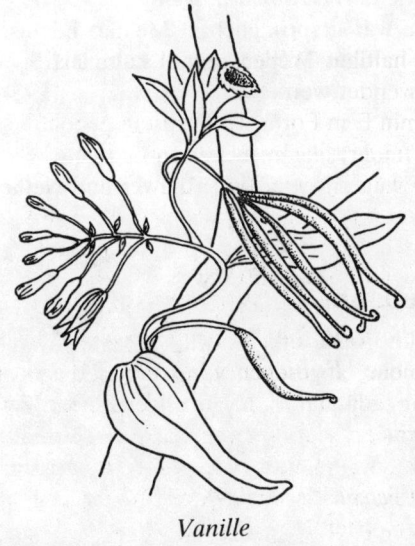

Vanille

sierung, das kann schon eine Stange sein, erzeugt diese unter Umständen Aphrodisie (übermäßig gesteigerte sexuelle Erregbarkeit).

Wirkstoffe des Aphrodisiakums:
Vanillin und andere Duftstoffe.

So kann es die Liebeskraft fördern:
Die von vielen beobachtete und berichtete liebesfördernde Wirkung ist noch nicht erforscht.

Risiken:
bei mäßigem Gebrauch sind keine bekannt.

Weitere Eigenschaften der Heilpflanze:
Vanille wurde früher bei Nervenleiden eingesetzt. Es dient auch als Gewürz für Schokolade, Eis und vielen anderen Gerichten.

Kulturgeschichtliche Anmerkungen:
Die Pflanze war ursprünglich in Mexiko heimisch und wird inzwischen in allen Tropenländern kultiviert.

Rezepte:
Vanille verfeinert alle gezuckerten Gerichte. Es paßt gut zu anderen Gewürzen, wie Zimt, Ingwer und Nelken.

Yohimbebaum
Pausinystalia johimbe
Rötegewächse (*Rubiaceae*)

liebesfördernd

Verbreitungsgebiet:
Westafrika.

Medizinisch genutzt:
die Rinde, aber auch Wurzeln.

Einsatz als Liebesmittel:
Vor hundert Jahren wurde in unserem Kulturkreis ein Pflanzenextrakt bekannt, der von westafrikanischen Völkern seit Jahrtausenden als Aphrodisiakum benutzt wurde und dem man in Europa auch bald sensationelle Wirkungen nachsagte: Yohimbin, ein Extrakt der Rinde von Bäumen, die botanisch zur Pflanzengattung der Rubiaceae gehören. Der Wirkstoff Yohimbin ist inzwischen das wissenschaftlich am besten untersuchte Aphrodisiakum. Es wird auch für andere Beschwerden erfolgreich eingesetzt, ist aber – wegen Nebenwirkungen – verschreibungspflichtig.

Matrosen waren die ersten, die Yohimbin nach Europa brachten. Sie hatten die Eingeborenen als erste beobachtet, wie sie die Rinde des Yohimbebaums zerkleinerten und mit heißem Wasser übergossen. Bereits nach einer halben Stunde war dieses außerordentlich wirkungsvolle Aphrodisiakum fertig. Im Gegensatz zu »sanfteren« europäischen pflanzlichen Heilstoffen wirkt es nicht erst nach längerer Anwendung, sondern – bei zwar geschwächter, aber noch vorhandener Potenz – in kürzester Zeit.

Wissenschaftler stürzten sich schon vor 90 Jahren auf das Mittel. 1897 wurde in der deutschen Apothekerzeitung berichtet, daß die Isolierung des reinen Yohimbin gelungen war. Mit zum Teil unmoralischen Experimenten (man gab Insassen psychiatrischer Anstalten Yohimbinmedikamente) wurde eindeutig nachgewiesen, wie wirkungsvoll das Präparat bei Männern ist. Man gab z. B. den Kranken bei Infusionen pro Kilogramm Körpergewicht 0,5 Milligramm Yohimbin bei. Bei einem Fünftel aller Patienten wurde sofort spontane Erektionen bemerkt.

In den Sechziger Jahren wurde erneut intensiv mit Yohimbin gearbeitet. Sexualmediziner stellten eine »dreifache Zunahme von Erektionen und Orgasmen« unter dem Einfluß des Präparats fest. Im Rahmen einer anderen Studie

(W. R. Maus, mitgeteilt in »Sexualmedizin«, 4/1975) wurde ein »Libidosteigerung und eine Verdoppelung der Koitushäufigkeit pro Woche« registriert.

Yohimbin ist das einzige pflanzliche Aphrodisiakum, das die normale, aber auch die gewächte (jedoch noch vorhandene) Potenz zuverlässig beeinflußt.

Bald stellte sich jedoch heraus, daß die erotischen Freuden mit erheblichen Nebenwirkungen erkauft werden mußten. Menschen, die oft völlig falsche Vorstellungen von sexuellen Leistungsanforderungen hatten, nahmen Überdosen der überall frei verkäuflichen »Liebesdragees«. Es kam zu Yohimbinvergiftungen, die nicht nur mit Priapismus (schmerzhaften Dauererektionen) einhergingen. Extremer Blutdruckabfall und Herzschädigungen gefährdeten die Betroffenen.

Yohimbin wurde verschreibungspflichtig. In der »Roten Liste«, die Basisinformationen für alle Fertigarzneimittel für deutsche Ärzte enthält, findet sich Yohimbin heute in der Abteilung »Antihypertonika« (blutdrucksenkende Mittel) mit den zusätzlichen Anwendungsgebieten: »Impotenz, Sympathikotonie (erhöhte Erregbarkeit, Neigung zum Schwitzen), Harninkontinenz (unwillkürlicher Harnabgang)«.

Wirkstoffe des Aphrodisiakums:
Yohimbin, die Rinde des Yohimbebaums, enthält außerdem Alpha-Yohimbin, Beta-Yohimbin, Ajmalicin, Alloyohimbin, Corynanthein, Dihydro-corynanthein, Corynanthin, Pseudoyohimbin, Tetrahydromethyl-corynanthein, Yohimbesäure, Gerbsäure sowie Farbstoffe (nach »Nachhilfe für die Potenz, Die aphrodisierende Wirkung von Yohimin/Yohimbe-Rindenextrakt von Prof. Dr. med. Wolfgang Remy u. a. in Sexualmedizin 13/1984).

So kann es die Liebeskraft fördern:
Wie auch einheimische Pflanzen auf viel sanftere und natürlich auch weniger wirkungsvollere Art (etwa Petersilie) erweitern Inhaltsstoffe der Rinde des Yohimbebaums in erster Linie das arterielle System im Bereich der Geschlechtsorga-

ne. Hier entsteht eine Blutfülle, die spontan schon Erektionen auslösen kann. Außerdem werden die sexuellen Erregungsabläufe beeinflußt. Dies ist wissenschaftlich zwar nachgewiesen, aber noch nicht exakt untersucht.

Risiken:
Überdosierungen können außerordentlich gefährlich sein. In der Literatur werden selbst Todesfälle erwähnt. Die »Rote Liste« verzeichnet unter Nebenwirkungen »Tremor« (Zittern) und Erregungszustände. Bei niedrigem Blutdruck (Hypotonie) darf Yohimbin grundsätzlich nicht genommen werden.

Als Folgen von Überdosierungen sind in der »Roten Liste« aufgeführt: zentrale Erregung, epileptische Krämpfe, Bewußtlosigkeit, Blutdrucksteigerung, Zyanose (Blaufärbung der Lippen, die durch eine zu geringe Sauerstoffsättigung des Blutes verursacht wird), Tachykardie (Beschleunigung der Herztätigkeit) und Harnzurückhaltung.

Im Falle einer Yohimbinvergiftung wird der Arzt zuerst durch die Entfernung des Mittels helfen, das durch die Überdosierung zum Gift geworden ist. Möglicherweise gibt er Mittel gegen Krämpfe. Unter Umständen kann eine künstliche Beatmung sowie eine Katheterisierung der Harnblase notwendig sein.

Yohimbin sollte wegen dieser Risiken nie ohne die Verordnung des Arztes eingenommen werden.

Weitere Eigenschaften der Heilpflanze:
Der Wirkstoff aktiviert ganz allgemein den Organismus. Nach neuesten Forschungen wird auch der Fettstoffwechsel beeinflußt. In der Volksmedizin verwendete man Yohimbin auch bei Menstruationsbeschwerden, bei »Stillschwäche« und bei Männern bei Prostataentzündungen.

Kulturgeschichtliche Anmerkungen:
Deutsche, die ab 1868 erst als Kaufleute und ab 1884 als Einwanderer nach Kamerum gingen (das Land war bis 1920

deutsche Kolonie), berichteten über Häuptlinge, die mit dem Mittel sensationelle Potenzsteigerungen erzielten. Schon um die Jahrhundertwende wurden Yohimbe-Rinden für den Export gesammelt und in alle Welt verschickt. Bald gab es »Liebeskonfekte«, die diesen Wirkstoff enthielten. Wegen gefährlicher Nebenwirkungen wurden sie jedoch bald aus dem Verkehr gezogen. Heute gibt es – wie erwähnt – noch ein Medikament, das Yohimbin enthält. Es ist aber verschreibungspflichtig.

Rezepte:
Eingeborene »Witchdoctors« zerkleinern heute noch in Westafrika die Rinde des Yohimbebaums und bereiten einen Absud, von dem jedoch nur einige Tropfen genommen werden. Diese Methode gilt jedoch als außerordentlich unsicher, da der Wirkstoffgehalt von Baum zu Baum unterschiedlich ist. Außerdem spricht jeder anders auf Yohimbin an.
Fertigpräparat: Wegen der möglichen Nebenwirkungen ausschließlich nach den Vorschriften des Arztes einnehmen!

Zwiebel
Allium cepa
Liliengewächse (*Liliaceae*)

liebesfördernd

Verbreitungsgebiet:
Kommt ursprünglich aus Asien und wurde von den Kreuzfahrern in unseren Kulturkreis gebracht.

Medizinisch genutzt:
die Knolle.

Einsatz als Liebesmittel:
»Alle Zwiebelarten sind scharf und erwärmend, sie reizen auch zum Beischlaf . . .«, heißt es im schon mehrfach zitier-

ten Werk über die »Vergleichende Volksmedizin«. Zwiebeln gelten auch in Asien als liebesförderndes Mittel. Nordamerikanische Indianer sind der Meinung, daß Zwiebelgenuß die Fruchtbarkeit erhöht.

Wirkstoffe des Aphrodisiakums:
Eiweiß, Zucker, Kalium, Kalzium, Phosphor, Eisen, Vitamine B und C sowie ätherische Öle.

So kann es die Liebeskraft fördern:
Zwiebeln wirken auf jeden Fall allgemein kräftigend.

Risiken:
bei mäßigem Gebrauch sind keine bekannt.

Weitere Eigenschaften der Heilpflanze:
Die Inhaltsstoffe wirken wurmtreibend, beruhigen die Nerven, beeinflussen die Funktionen von Herz und Schilddrüse günstig.

Kulturgeschichtliche Anmerkungen:
Zwiebeln galten ähnlich wie die Alraunwurzeln als Zaubermittel. Man war der Meinung, daß sie Soldaten gegen Verwundung schützen können.
In Osteuropa, aber auch in Schlesien und Niederösterreich, galt die Zwiebel als »Jahreswitterungsorakel«: Jede der zwölf Zwiebelhäute bekam einen Monatsnamen. Je nachdem, ob nun am nächsten Morgen die betreffende Schale trockener oder feuchter war, würde – so die Überzeugung – der auch entsprechende Monat geartet sein.
Die scharfe Zwiebel als Tränenquelle kommt in der Literatur häufig vor.
In Shakespeares »Widerspenstigen Zähmung« heißt es u. a.:

»Und hat der Junge nicht die Weibergabe
Gebotne Tränenschauer zu ergießen,
So kommt ihm eine Zwiebel wohl zustatten,

Die, heimlich in ein Taschentuch gewickelt,
Das Aug' unfehlbar unter Wasser setzt.«

Rezepte:
Zwiebeln sind das nahrhafte Basisgewürz für Salate und
Fleischspeisen und können auch als Gemüse verwendet wer-
den.

Sachregister

Frieder Anders

Tai Chi Chuan

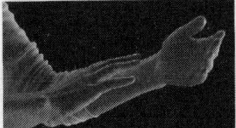

**Meditation in Bewegung
zur Steigerung des Körper-
gefühls und zur Festigung
der Gesundheit**

ECON Ratgeber

ETB 20065   DM 9,80
156 S., 222 Abb.

Dr. med. Leo Krutoff

Nie zu alt,
um jung zu sein

**Der Intelligente
altert anders**

ECON Ratgeber

ETB 20183   DM 9,80
166 S.

Bernhard Müller-Elmau

Kräfte aus
der Stille

Die transzendentale
Meditation

ECON Ratgeber

ETB 20021   DM 9,80
192 S.

Gisela Eberlein

Autogenes
Training für
Fort-
geschrittene

ECON Ratgeber

ETB 20098   DM 7,80
114 S.

Helma Danner

Biologisch kochen und backen

Das Rezeptbuch der natürlichen Ernährung

ECON Ratgeber

ETB 20003   DM 14,80
288 S., zahlreiche Abb.

Ilse Sibylle Dörner

Das grüne Kochbuch

Handbuch der naturbelassenen Küche

ECON Ratgeber

ETB 20026   DM 12,80
270 S., 20 Zeichnungen

Helma Danner

Bio-Kost für mein Kind

ECON Ratgeber

ETB 20050   DM 9,80
160 S., 20 Abb.

Ilse Sibylle Dörner

Diät mit Bio-Kost

Schlank, gesund und fit

ECON Ratgeber

ETB 20019   DM 9,80
190 S., 16 Abb.